2018 年度宁波市社会科学学术著作出版资助项目

高职思政云课堂理论与实践

郑盼盼 著

浙江工商大学出版社 | 杭州
ZHEJIANG GONGSHANG UNIVERSITY PRESS

图书在版编目(CIP)数据

高职思政云课堂理论与实践 / 郑盼盼著. — 杭州：
浙江工商大学出版社，2019.6
ISBN 978-7-5178-3312-3

Ⅰ．①高… Ⅱ．①郑… Ⅲ．①高等职业教育－思想政
治教育－教学研究－中国 Ⅳ．①G711

中国版本图书馆 CIP 数据核字(2019)第 127332 号

高职思政云课堂理论与实践
GAOZHI SIZHENG YUNKETANG LILUN YU SHIJIAN

郑盼盼 著

责任编辑	王 耀　白小平	
封面设计	林朦朦	
责任印制	包建辉	
出版发行	浙江工商大学出版社	
	(杭州市教工路 198 号　邮政编码 310012)	
	(E-mail:zjgsupress@163.com)	
	(网址:http://www.zjgsupress.com)	
	电话:0571－88904980,88831806(传真)	
排　　版	杭州朝曦图文设计有限公司	
印　　刷	虎彩印艺股份有限公司	
开　　本	787mm×960mm　1/16	
印　　张	13	
字　　数	200 千	
版 印 次	2019 年 6 月第 1 版　2019 年 6 月第 1 次印刷	
书　　号	ISBN 978-7-5178-3312-3	
定　　价	58.00 元	

序

互联网时代的到来让全民获得信息的方式变得实时性更强，全民思想多元化在当今的时代中被体现得淋漓尽致。互联网的影响渗透到各行各业，教育行业自然也不例外。互联网的发展对教育行业的影响颇大。互联网发展衍生出来的是教育的信息化，教育的信息化成为我国现代化教育的标志。教育的信息化在一定程度上提高了对教学质量的要求，也让教育者在教学当中不断将学科知识与时下的信息化趋势紧密结合起来，顺应信息时代的发展，来发展教育的现代化和信息化。在教学改革中，融入了信息化技术的产物云计算，充分利用了云计算的便利性，让教学内容更加具有趣味性，教学手段更加具有智能性，教学方法更加与时俱进。全国各地的教育工作者都在不断进行钻研探究。"互联网＋"时代无时无刻不在影响着人们的生活和认知，对于喜欢接受新鲜事物的年轻大学生来说更是如此。大学生的人生观和价值观都在受到互联网新兴事物和新兴思维的影响。互联网的影响占据了主力，高校传统思想政治教育的力量被减弱。而在这种形势之下，就需要高校思政教育工作者能够改变以往的传统思维，将传统的课堂内容与互联网融合在一起，利用便捷的互联网技术让课堂变得生动起来。思政教育工作者需要提高自己的互联网素养，让自己能够顺应时代发展。

在高职教育当中，对高职学生进行思政教育的主要方式就是高职思想政治理论课教学。高职思想政治理论课教学的主要作用在于提高学生的思想道德水平。高职思政课堂在培养学生树立正确的人生观、世界观和价值观方面起着至关重要的作用。在长期以来的传统思政教学当中,过于固定的教学模式和社会过渡转型期带给人们的思想冲击让高职思政教学承载了巨大的压力。思政教学不仅仅要让学生喜欢上这门课程,更要让学生在课堂中形成正确的世界观和价值观,驱散学生心中的迷惘。思政教学任务艰巨,众多高职思政教育工作者砥砺前行,在信息时代下结合互联网的先进技术让思政课堂变得更加生动丰富。不断加强学生在课堂中的主动性,为学生形成正确人生观起到重要的推进作用。

在编写本书的过程中,笔者参考了国内许多同类专著,吸取了其中许多精髓。在本书出版之际,谨向原著者表示衷心的感谢。由于笔者水平有限、经历有限,尽管付出了很大努力,克服了不少困难,本书难免会存在不妥之处,望各位前辈和同行斧正。

目　录

第一章　思想政治教育

一直以来,人们对思想政治教育都有一种固定的认知,就是思想政治教育只能作为生产力发展的中介,而不是直接促进生产力的发展。这样的固有观念在很大程度上抑制了思想政治教育的发展。实质上,思想政治教育对社会生产力的发展起到了关键作用。

第一节　思想政治教育的发展及地位

一、思想政治教育的发展

(一)中国古代的思想政治教育

我国有着五千年的悠久历史,是世界四大文明古国之一。我国的文化底蕴、历史根基无疑是其他国家无法比拟的精神宝藏。作为一个古老的文明国度,我们有令世人瞩目的历史成就和文化思想。在夏周时代,我国的教育就已经成形,并且开始展现思想政治教育的雏形。那时的思想政治教育多以口头说教的形式进行。随着我国进入封建社会,我国古代思想教育理论逐渐变得成熟。各种教育思想在社会当中都有广大的支持群体,教育思想理论各成一派,形成了百家争鸣的繁盛局面。而在众多的教育思想中,以孔子为代表的儒家思想脱颖而出,备受推崇,由此奠定了我国封建社会以儒家思想为主流的思想政治教育理论。传统的儒家经典思想在封建社会的思想政治教育中占据着主导地位。

总体来说,在我国古代封建社会当中,思想政治教育的主要特点在于将道德教育放在首位,道德理想和本位主义在思想政治教育中处于先决地位,其次是家族情感主义和利他主义。我国封建社会思想政治教育理论的形成受当时的政治、宗教等社会意识形态的影响,每一时期的思想政治教育理论都有其鲜明的时代性,为我国丰富的思想政治教育理论发展做出了杰出的贡献。

（二）近现代中国的思想政治教育

我国近代史阶段是 1921 年到 1949 年,近代思想政治教育走过了创立、形成和成熟三个发展历程。思想政治教育创立阶段始于 1917 年,俄国十月革命使马克思主义在中国广为传播,为我国近代以及现代思想政治教育发展奠定了理论依据。1921 年,中国共产党的成立为我国思想政治教育的发展提供了政治依据。在接下来的建党建军过程中,中国共产党的思想政治理论基本形成。在艰苦的抗战时期,以爱国主义教育、理想信念教育为核心的思想政治教育内容获得了良好的效果。同时周恩来、刘少奇等领导人的系列论著更为如今的思想政治教育提供了宝贵的理论财富。

（三）改革开放中国的思想政治教育

在当代,我国思想政治教育发展经历了蓬勃发展时期、曲折发展时期,以及改革开放的重新确立时期。改革开放以来,我国不仅在政治经济上迎来了全新时代,在教育上也迎来了新的契机。1978 年 4 月,教育部颁布相关文件,肯定了全国高校马克思主义理论课程做出的成绩。高校马克思列宁主义思想政治教育理论受到肯定,也为高校思想政治课程制定了全新的目标。

随着当代思想政治教育理论的发展,高校思想政治理论课程不断与时俱进。为了高校学生可以树立正确的政治观和世界观,全国各高校开设了马哲、毛概等课程。同时在改革开放后,为了进一步加强学生的思想建设,高校都在每个专业每个年级中设置了辅导员,着重对学生进行思想政治教育。

（四）市场经济条件下的思想政治教育

党的十四大确定了市场经济的发展模式,标志着我国由改革开放之前的计划经济进入了根据市场来调节的市场经济。我国经济开始飞速发展,教育思想也受到了很大影响,国人思想开始转变。

在过去的计划经济体制中,国人的思想相对保守,更加喜欢稳定的生活。因为在计划经济体制下,人们的生活水平都处于同一基准上,并不能激发起人们更强烈的欲望,人们较为容易满足。而随着市场经济的到来,经济和物质的发展使过去人们根深蒂固的安贫乐道思想受到了冲击。大众在看到了众多的新鲜事物后,从一开始的墨守成规,到后来的喜欢,思想和眼界都得到了拓宽。在这样的形势之下,越来越多的人开始抛弃过去的固有观念,纷纷投入市场经济当中,拥抱新的市场蓝海,从而变得更加敢于创新,勇于开拓。正是由于国人受到了新的思想政治教育的鼓舞,所以2001年我国正式加入WTO,表明我国经济的发展获得了全世界的瞩目。加入WTO也代表我国与世界各国的合作步伐加快,经济得到了更大的发展空间。经济基础决定上层建筑,大众的思想观念也进一步发展。总体来说,市场经济为人们的思想转变及社会的发展带来了众多有利之处。但是市场经济也存在一定缺点,它自身所带有的盲目性、逐利性、投机性容易导致大众形成扭曲的思想观念。过于追求物质导致变得盲目,投机心理的加重让一些人误入歧途。就是因为存在的问题,所以需要通过思想政治教育对人们进行正确的引导,帮助人们梳理不良情绪,树立正确的人生观和价值观。

二、思想政治教育的地位

在中国特色社会主义建设中,思想政治教育在我国的社会发展中起到了重要作用。因此在对待思想政治教育的问题上,主观上要求思想政治教育符合我国实际国情,将思想政治教育放在正确的位置上,既不能轻视,也不能过于强调。这样才能平衡好思想建设和社会建设之间的问题。只有二者获得平衡,才能让思想建设和社会建设都得到适合的发展。过去的历史教训让我们明白,思想建设和社会建设都不能过于偏重,两手都要抓,并驾齐驱才能促进中国特色社会主义的发展,更好更快地实现社会主义初级阶段的任务,实现步入全面小康社会的伟大使命。

（一）思想政治教育是中国共产党的真正优势

在中国近代土地革命战争时期,中国共产党建立的无产阶级革命思想教育了全体上下的战士,大家万众一心最终取得了胜利,为广大人民争取了利益。在土地革命之后的抗日战争中,中国共产党继续对广大战士和民众进行多种多样的思想政治教育,为之后敌后游击战的成功提供了思想保障。中国共产党带领人民群众创造性地开设出一种全新的战斗形式,获得了前所未有的成功。同样在解放战争中,中国共产党仍然坚持对人民群众和广大战士进行思想政治教育,激发广大战士的革命觉悟和革命士气,凭借良好的作风获得了人民群众的支持和信任,由此带领全国人民获得了最终的胜利。在中华人民共和国成立后,我国的思想政治教育同样为新中国的发展提供了思想指引。全国上下齐心协力投入到新中国的建设当中,万众一心,众志成城。人民群众空前团结,道德素质也得到显著提高,社会氛围更加和谐。

纵观中国共产党的发展历程,从1921年成立之初的几十个人到如今发展壮大,成为人民群众最坚实有力的后盾,中国共产党的成功得益于思想政治教育的正确开展。在正确的思想政治理论之下,中国共产党团结所有可团结的力量,人民群众不再是旁观者,而是国家发展的参与者。中国共产党带领广大人民群众推翻沉重的"三座大山",带领人民群众建立起一个独立自强的国家,让人民群众可以在中国共产党的庇护下获得公民应当享有的独立、民主和自由。邓小平同志曾经说道:"过去我们党无论怎样弱小,无论遇到什么困难,一直有强大的战斗力,因为我们有马克思主义和共产主义的信念。有了共同的理想,也就有了铁的纪律。无论过去、现在和将来,这都是我们的真正优势。"①正是因为有着共同的理想,我们团结广大群众,不断在实现中华民族伟大复兴的道路上向前迈进,无论过去现在或者将来都是如此。

（二）思想政治教育既由社会经济基础决定又为其服务

思想政治教育是社会上层建筑的有机组成部分,它是经济基础和

---

① 《邓小平文选》(第3卷),人民出版社1993年版,第144页。

上层建筑的客观反映,也受经济基础和上层建筑影响。上层建筑包含政治上层建筑和思想上层建筑两方面,社会意识形态和社会意识形态的教育构成了思想上层建筑。由此可见,思想政治教育对人们的思想认识和道德素养有着直接影响。这正是思想政治教育独一无二的特性。

（三）思想政治教育是经济工作和其他一切工作的"生命线"

思想政治教育的重要性不言而喻,经济工作和其他一切工作都要以思想政治教育为前提才能顺利开展和实现。一直以来,我国在经济发展和社会发展中都秉承着以思想政治教育为前提的纲领,国家历代领导人也在论述中一一说明过思想政治教育的重要性,如毛泽东同志发表的《政治工作是一切工作的生命线》。1981 年,邓小平同志发表的《中共中央关于建国以来党的若干历史问题的决议》,更加说明了"思想政治工作是经济工作和其他一切工作的生命线,要实行政治和经济的统一、政治和技术的统一、又红又专的方针"①。江泽民同志、胡锦涛同志以及习近平同志都强调过思想政治教育的地位和重要性,思想政治教育是一切工作生命线的地位不可撼动,思想政治教育的作用也不容忽视。中国共产党始终秉承将思想政治教育作为生命线的宗旨来发展社会经济和教育等方方面面,促进社会的发展和国家的繁荣富强。

国家要繁荣富强,生产力是最直接的关键因素。而在发展生产力的众多基本要素当中,人的行为是最能影响生产力发展的。生产力的活跃度和积极度都由人的精神动力和行动能力所左右。人们的精神动力高涨,生产力自然也会高效。如果精神动力低迷,生产力也会停滞不前,而思想政治教育就能在此时对人的精神动力产生积极的引导作用,充分调动起人们的热情和动力,促进人们始终保持高昂的精神动力投入生产工作,进而促进生产力的发展,推动国家社会经济的发展和生产力的发展,这就体现出思想政治教育是一切工作生命线的作用。思想政治教育帮助人们形成正确积极的人生观和价值观,让人们可以始终

---

① 《邓小平文选》(第 2 卷),人民出版社 1993 年版,第 120 页。

秉承向上奋进的精神积极向前。

第二节　思想政治教育的价值与功能

一、思想政治教育概述

思想政治教育从本质上来讲就是一种特定的实践活动,是在社会中,人们有组织地定向引导大众,让他们形成符合特定社会时代及人类自身发展要求的思想政治观念和人生观念。其中"特定"两个字包括三个含义:一是指以一定的阶级或集团为主体,也就是特定主体;二是特定内容,包括思想教育、道德教育和政治教育等,目前我国的思想政治教育内容主要是中国共产党的理论、路线、方针和政策;三是目标对象特定,顾名思义就是针对一定的社会大众。思想政治教育在开展教育活动的基本组织途径上坚持认为,使人们形成一定社会所需求的思想是思想政治教育的目的。

关于思想政治教育的价值探究有三方面:第一方面是思想政治教育价值的特定主体为社会中的人,包括国家、社会等思想政治教育活动的发起者和接受者;第二方面是思想政治教育价值的客体,包括思想政治教育的手段、条件和内容等;第三方面是思想政治教育研究的特定主体与客体的价值属性是不可分割、相互作用的一致关系。

思想政治教育的特殊性和作用使它具有多重特点。思想政治教育具有四大特性:客观性、多面性、层次性、发展性。首先思想政治教育具备客观性,它对受教育者和社会的影响是不受主观意志转移的,是客观存在不可磨灭的。尽管在主观条件上,思想政治教育的作用会受到一些制约,但是却不能改变思想政治教育的客观作用和意义。其次是思想政治教育具备多面性。因为思想政治教育的对象包含各种各样的既定团体和主体,所以造就了思想政治的复杂性,这就要求思想政治的教育内容和教育方法要随着主体的变化而变化,教育内容要适应主体人群才能够达到教育目的,促进主体对社会的发展做出贡献。从而可知,是不同的群体影响思想政治教育形成了多面性。第三方面是层次性,思想政治教育影响到各个生活层次的人,能对他们产生积极的影响。第四是思想政治教育的发展性。最后,思想政治教育对人们起到的功能和作用是随着社会的发展而发展的,没有固定的模式和功能,所有的功能和模式都是根据社会的发展而变化的。

二、思想政治教育的价值

(一)思想政治教育价值的本质

学界对于思想政治教育价值本质这个问题一直都有不同阶段的回答。从反映论到后来的发生论的转变,也验证了思想政治教育的发展特性。反映论主要回答了思想政治教育与其他系统的互动关系,对思想政治教育的作用做出了全面解答。发生论主要回答了思想政治教育形成的问题。从思想政治教育自身内在形成的观点来看,思想政治教育的基础是一个久远命题。从关系论来说,思想政治教育是需要和被需要的关系;从比较上来看,发生论回答了思想政治教育的视阈性,深化了思想政治教育的价值。思想政治教育是在社会实践中形成的。思想政治品德的形成和发展规律共同表达和反映出思想政治教育主体和客体之间的关系。

(二)思想政治教育价值形态

研究思想政治教育的价值形态是指从价值主体的角度来为思想政治教育价值形态进行划分,以此体现出思想政治教育的客观价值基本点。各大思想政治教育理论中,思想政治教育的价值划分也有不同标准。第一,从思想政治教育价值的效用范围来讲,可以划分为宏观价值和微观价值;第二,从思想政治教育价值的性质来讲,可分为负面价值、零价值和正面价值;第三,从思想政治教育价值的功能上来讲,则划分成动力、导向、整合协调三大价值;第四,根据思想政治教育价值的表现形态可划分为物质价值与精神价值;第五,根据思想政治教育价值显现的时间则可划分成潜在价值、现实价值和理想价值;第六,根据思想政治教育价值的实现与教育活动的联系程度来划分,就有直接价值与间接价值两种;第七,根据思想政治教育价值的评价则可划分为绝对价值和相对价值;第八,根据思想政治教育价值的构成来分,则有目的价值与工具价值、理想价值与现实价值、个体价值与社会价值三种关联类型。在以上的各种类型中,个体价值与社会价值是最受人认可、最实用、最普及的价值。

（三）思想政治教育价值规定性

总体来说,思想政治教育价值规定性主要体现在以下几个方面:

第一是客观性,思想政治教育价值的客观性是实际存在的。本体论对思想政治教育价值的客观性讲述,说其关键在于它的真实客观存在。思想政治教育活动对受教育者产生的影响,对社会的政治、经济、生产力等领域的作用都是人尽可知的,是价值主体认可的,是实际存在的。它的存在不受任何主观臆断的影响。站在认识论的角度来说,思想政治教育价值的客观性在于它的可感知性。

第二是社会性,思想政治教育价值在发展过程中也要适应社会的发展,受到社会发展的影响。这就是思想政治教育价值的社会性。其原因首先在于思想政治教育活动中主体与客体的关系就是社会关系中的一种,所涉及的相互利益关系也是社会关系的子集。其次在于,思想政治教育价值的主体处在社会中,也会受到生产方式、人口等社会环境的影响,所以思想政治教育活动的具体内容、活动方式、开展过程和最终结果都受到社会的影响和制约。思想政治教育价值既在社会的推动下发展,也在社会的制约下更适用于社会。二者紧密相连,必须要协同合作才能够发展得更好。

第三是主体性,思想政治教育的主体性体现出了它的价值。并且思想政治教育价值的主体是核心,它的价值以主体为基础,再作用于思想政治教育的价值。思想政治教育的价值大小取决于主体对于利益的需求。思想政治教育价值的产生与主体息息相关,主体能够自觉主动地开展思想政治教育活动,宣传思想政治教育价值,使思想政治教育价值能够存在。

第四是时效性。思想政治教育价值的时效性指的是思想政治教育价值的效应具备时效性。时效性是及时性和长期性的统一。思想政治教育价值的及时性是指思想政治教育活动一经开展便成功达到了预期的目的和效果,受思想政治教育者接受了思想政治教育者传递的政治思想和政治觉悟,并在行动上开始付诸实践,结合政治理念完成思想政治教育想要达到的目标。这样立即奏效的行为就叫作思想政治教育价值的及时性。这样及时让思想政治来支配自己的行为观念,很大程度上说明了思想政治教育的作用。

第五是长期性。思想政治教育价值的长期性是指在思想政治教育工作者长期的思想宣传当中,民众逐渐耳濡目染地接受了思想政治教育者传递的观念和政治思想,开始无意识地遵循思想政治教育者的观点,并付诸行动,而在长此以往的行动中,形成了思想政治教育工作者希望人们形成的正确思想政治观念和正确的世界观。让思想政治教育一直影响自己的行为和价值观,找到真正认同的世界理想,这就是长期以来思想政治教育对民众的人生观、价值观和世界观的促进,通过长期的熏陶和传播转换为民众坚定不移的信念和理想。

（四）思想政治教育价值创造和实现

思想政治教育价值的创造和实现都是在社会发展和积累中逐渐形成的,并不是一蹴而就的。首先本书来谈思想政治教育价值的创造。价值创造是思想政治教育主体开展一定的思想政治教育活动,让受教育者接受思想政治教育主体倡导的思想,例如政治思想以及人生观等,并且在教育活动中让受教育者对政治思想融会贯通,让政治思想付诸行动当中,让思想政治教育主体传授的思想成为受教育民众的主体思想,并且从政治思想转化为政治行为。开展思想政治教育活动的是主体,实现思想政治教育价值的则是客体。在一般的思想政治教育活动中,当主体开展思想政治教育活动,达到良好的效果,就体现出了思想政治教育的价值。也就说明,思想政治教育的价值是推动和促进社会的发展,帮助大众找到自身利益,并且极力满足自身需要,让民众需求和社会发展都得到很好的平衡,这是思想政治教育价值的另一种体现。

而正如很多问题一样,创造思想政治教育价值也要经过两次飞跃,首先是从主体导向到受教育者,影响受教育者思想的飞跃,其次是受教育者在接受了思想政治教育后自身转变为思想政治教育活动开展者的飞跃。

思想政治教育活动的第一次飞跃是思想政治教育主体让受教育者接受政治思想的一个过程。要想让受教育者接受政治思想,主体要做出很多努力,而这也要受到主体以外的一些客观因素的影响,这就让主体在思想政治教育中面临很多挑战。从主体来说,要想让思想政治教育活动顺利成功地开展,那么其倡导者和组织者要紧密结合党中央所倡导的思想政治观念,牢记正确的思想政治观念,采取新颖多样的教育模式。用科学的理念来开展活动,用新颖的模式来增强吸引力,才能让主体的第一次飞跃顺利成功。而除了主体因素外,开展思想政治教育活动中还会存在一些客观因素,例如环境因素、天气因素等。本书主要讲经济、政治、文化等主要的客观因素。主体努力构建思想政治文明是要为和谐社会的发展提供思想保证,而社会的快速发展也为思想政治教育的发展提供了正确方向。无论是主体的思想政治教育活动的开展还是客体存在的社会条件,都是为了让我们实现共产主义而奋斗,为了让民众获得更美好的生活。

第二次飞跃是受教育者在第一次飞跃接受了政治思想的基础上,将政治思想转变为具体的政治行为。这就是哲学上经常提到的否定之否定原理。第一次飞跃为第二次飞跃奠定了基础,而第二次飞跃在第一次飞跃的基础上,将具体的政治思想变为了具体的行动,这种由精神转变为物质的过程促进了社会的进一步发展,也推动了思想政治教育理论的进一步更新。

两次飞跃的实现看似简单,实则需要思想政治教育工作者付出百分之百的努力,核心在于思想政治教育工作者要先了解受教育者的具体情况,明确他们可以接受的政治思想在什么样的高度上。一般来说,受教育者对政治思想的认同度越高,政治思想就越能变成自身的一种信仰,他们实现第二次飞跃的概率就越大,反之则越小。

当受教育者接受了一定的思想政治教育时,就会受到信念的激励,促使其用真实的行动去实现自己的理想,承担起国家和社会赋予的政治责任,同时让大众不断有力量地前进。思想政治教育价值也在这其中得到了具体的实践。

人们所有的实践活动都隐含着思想政治价值的因素。马克思曾经说过:动物和人在实践活动中的区别就在于,动物只会按照它所属的尺度和需要来进行单一的生产活动,而人却可以按照任何尺度来进行各种各样的生产活动,并且人类能恰到好处地将尺度运用得恰如其分。也就是说,人类可以将理论抽象到思想上,也可以让人们在具体的实践中明白抽象思想的含义。将抽象思想具体化也就是思想政治教育的第二次飞跃。由此可见,一直以来,无论是在数百年前还是在当代,人们都清楚地知晓思想政治教育的价值。过往的历史也表明,维护统治阶级的统治地位最有效的工具就是思想政治教育。这也是在我国漫长的封建社会中一直推崇儒家思想的原因。所有国家的统治阶级总是会向民众传达自身的政治思想,用政治思想来带给人们理想和意志,让受教育对象从思想上认同统治阶级的治理,以巩固统治地位。而思想政治教育价值的形成也离不开社会的发展和具体实践活动,只有具体的实践活动才能让政治思想得到更好的发展。

三、思想政治教育的功能

(一)思想政治教育功能的特点

一直以来,世界各国对思想政治教育功能特点的研究成果具体来说有四大特性:差异性、整体性、主体性、间接性。德育功能差异性指的是思想政治教育作用的不同。很多德育功能在不同的社会发展形势下,有着不同的作用,而每个系统都有自己独特的作用,在不同的历史时期扮演着不同的角色。德育功能的整体性则被一些学者认为是在进行思想政治教育时,众多的德育功能系统中,会有多个功能相结合,对社会的发展起主导作用。这几个结合的功能系统则成为一个整体,体现了思想政治教育功能的主体性。德育功能的间接性,指的是德育功能间接对社会经济、政治、文化和自然界的发展起到作用。德育功能系统由多个子系统组成。其中包括以社会性功能、教育性功能和个体性功能为主的三大功能，还有由众多其他功能构成的多元化体系。每个子系统都发挥着自己的作用，每个子系统之间互相协作、互相影响、互相促进、互相适应。既能够让思想政治教育对现行社会的发展起到积极的推动作用，又可以适应人们的现实需要，为社会培养出大批具有优秀品德的人才。

（二）思想政治教育的分类

如果从价值取向的角度来说，思想政治教育的功能可以分成正功能和负功能两大类。思想政治教育即德育，不只是会产生正效应，在某些时刻如果没做好思想政治教育工作，那么德育功能就可能会出现低效、零效应的情况，更为严重的在于有时候会出现思想政治教育的负功能。任何事物都具有两面性，德育也不例外。思想政治教育功能也是一把双刃剑。德育让民众个体开始认同、遵守的情形也就是德育的正功能；也可能在某些时刻出现被民众个体否定、抗拒的情形，这是德育的负功能。正功能能够让民众觉得德育是个人价值的体现，是毕生的追求。而负功能则体现在民众会感受到如此的标准是一种审判和遏制。这就给德育工作者一个很大的考验，如何充分发挥德育的正功能，避免负功能的出现，是德育工作者一直以来所思考的问题，这是社会稳定的前提，也是我国文化保留和发展的基本条件。

思想政治教育功能从系统结构的角度，可以分为内部和外部两个部分。适应、认同和享用三个功能都包含在内部功能中；外部功能则是德育功能对环境的作用。如果从个人、社会以及自然三个角度来划分的话，思想政治教育有四大功能，即社会性功能、个人性功能、政治功能和经济功能。四个功能之间需要相互协调，相互平衡。只有调节好四个功能才能让思想政治教育的价值最大化，也更能体现德育功能的作用。有一些思想政治教育学者认为从社会学角度来看，思想政治教育功能应该划分为政治、经济和文化三大功能。也有一些观点认为，思想政治教育功能应该划分为社会性功能、个体性功能和教育性功能。其中政治、经济和文化三大方面包括在社会性功能中。个体性功能则具体划分为个体生存、发展和享用三大功能。

整体来说,思想政治教育的功能有两大方面:第一是保持社会的秩序安全,促进社会经济、文化、教育的发展;第二是在社会精神的形成和发展当中扮演至关重要的角色,对社会精神的形成和发展起着引导作用。社会精神的形成和发展恰好表现出了思想政治教育德育精神的内在功能。

如上所述,这样的分类和论述很多,本书列举了一些比较经典的论述来做分析。不过在众多的论述中,可以总结出思想政治教育的众多详细作用和功能,例如激励功能、保证功能、导向功能、凝聚功能、调节功能、转化功能、传统传承功能、完善人格功能等。在上述的众多功能中,最主要的便是政治功能与经济功能。

(三)思想政治教育功能的内容

顾名思义,思想政治教育功能内容便是来阐述思想政治教育每个具体功能的抽象概念。目前研究者论述的几种重要功能有:保证功能、导向功能、凝聚功能、激励功能、调节功能、转化功能、育人功能。保证功能是思想政治教育适应和作用于社会发展规律的实践,也有很多学者将保证功能称为保障功能。之所以称为保障功能,是因为德育保障了政治稳定和经济利益,保障了人民和政府思想上的一致,为社会稳定做出了巨大贡献。保障功能为社会稳定发展提供了良好的基石。导向功能是人们通过动员、教育、监督等方式纠正一些人的不良行为,引导这些人走向正确的发展道路。就如同导航一样,带领人们进入正确的轨道,因此导向功能也叫导航功能。在导航功能中,包括德育对经济、思想、科学、文化等方面的导航都起到了关键性作用。德育的导航功能就像是社会发展的一盏明灯,始终指引人们走向正确的道路。凝聚功能是在有导航功能做指引的基础之上,将分散的个体团结起来,大家一起为了实现共产主义而奋斗。而在奋斗的过程中总会碰到各种各样的艰难,这时德育的激励功能便开始发挥作用。激励功能运用多元化方式来调动人们的积极性和创造性,为实现全面社会主义现代化建设提供强有力的精神支持。而在大家庭当中,难免会有一些摩擦,调节功能便为人们提供了一个良好的调节方式。调节功能运用民主的说服教育与民众进行沟通,稳定人们的情绪,当出现一些心理问题时,调节功能便可以起到巨大作用。尤其是在群居的团体中出现人际关系不和谐的现象时,调节功能便开始发挥作用。调节功能帮助人们建立起一个阳光透明的全新人际关系,符合时代的发展需要。德育的转化功能则要帮助人们在漫长的奋斗中转变一些不积极的思想,通过各种各样的方式帮助人们纠正错误思想,继续向着理想迈进,将一些脱离轨道的人们带入正轨。而思想政治教育的育人功能也受到各界广泛关注。总之,思想政治教育工作者运用多维手段来帮助人们提高政治素养,树立正确的政治立场和人生理想。

第三节　思想政治教育与信息技术的融合

一、推动思想政治教育与信息技术的融合势所必然

信息技术的飞跃让人们步入信息时代。与以往的每次工业革命不同,信息时代的革命让人们意识到了科技带给人们的改变。在这样信息飞速传递的时代,大量的信息流充斥在人们的脑海中,使人们眼界大开、传统思维开始受到冲击,创新和创造两个词开始成为主流。人们再也不像以往那样因循守旧,而是纷纷迈入社会的大潮中,成为弄潮儿。思想政治教育的对象变得愈发喜欢追求民主与自由,传统的说教式教育方式已经不能满足现今人们对于教育的需求。思想政治教育也需要搭上信息时代这班高科技列车。

思想政治教育与信息技术融合势在必行,这既是社会发展的需要也是人民群众的需求。因此,思想政治教育开始进入信息化时代。信息化时代下的思想政治教育需要不断将政治思想与时代中的信息技术相融合,以多种手段和多种教育模式来吸引民众的兴趣,使民众更容易接受。一直以来,教育者都以"顺势而为"为核心。思想政治教育也是

如此,顺应时代的发展做出改变是每个教育工作者必须做到的事情。目前,众多思想政治教育工作者都在不断钻研,尽可能地利用不同的信息技术和工具以及信息平台来为民众呈现不同的教学方式,努力做到与时俱进,以达到更好的教学效果。思想政治教育工作者借助信息技术来展现教育内容,让教育内容更加具有活力,更容易为人所接受。近年来,传统的思想政治教育逐渐在网络中普及,大大小小的网络思政课堂纷纷设立,让思想政治教育也进入了信息化时代。信息技术为思想政治教育开辟了新的教育模式,让思想政治教育的发展更加多维度,将时代需要与自身发展完美融合。信息技术和数字时代,网络空间作为时下新兴的竞争热点,成为各种意识形态较量的新阵地,成为每个国家都不容忽视的科技竞争方面。网络空间下,各种思想充斥其中,一些国家会在网上传播一些恶意抹黑我国的政治言论,目的在于从思想上影响人们,这些言论对我国社会安全和稳定产生了威胁。因此思想政治教育变得更加重要,为了能够让大众树立正确的政治观和世界观,我国的思想政治教育不断与信息技术融合在一起,占据言论主流,先入为主,让大众免受不良言论的蛊惑。思想政治教育网络领域的开展为我国网络安全和网络风气带来了一缕清风,也让网络氛围更加清新透明。但是在开展过程中,思想政治教育也需要解决很多难题。发展网络思想政治教育的过程中,要时刻注意到思想政治教育是否对大众产生了良好的作用,对民众的思想有没有显著改善。思想政治教育在发展中要不断地与时俱进,将先进的思想政治教育思想与高科技相结合,不断增强互联网思想政治教育的广度和深度,增强互联网思想政治教育的感染力,帮助网民树立正确的政治观点。不断强化思想政治教育内容建设,不断改进、开辟新的思想政治教育技术,来保证网络思想政治教育有更大的提升空间,这是每个思想政治教育工作者需要努力的事情。

二、当前思想政治教育与信息技术融合存在的主要问题

在信息时代,高校思想政治教育也在不断将课程本身与数字信息科技进行融合。高校思想政治教育在融合之路上颇为积极和主动,也

在与信息技术的不断融合之中取得了不俗的成绩。不过因为思想政治教育从未有过如此尝试,所以在探索过程中总会存在一些问题。

（一）缺乏顶层设计和宏观格局

在融合中,高校思想政治教育与信息技术始终欠缺顶层设计和宏观格局。具体来说就是在当前比较火爆的自媒体平台中,例如微信公众号、微博等,思想政治教育已经频频登上人气和点击率超高的热搜榜。思想政治的话题开始被越来越多的人关注,全民热度越来越高。但是,如何将思想政治教育的内容和发展状态与这些新平台融为一体是一个重要过程。这样的融合不仅仅需要主体和客体之间的互相准备,还需要遵循和符合宏观条件。在整体性上需要有所考虑,思想政治教育应保证以思想政治教育内容为主,再加上丰富多样的形式,利用流量巨大的自媒体平台,以及其他媒体平台来传播思想政治教育;以宏观视野的整体把控为主导,能够保证思想政治教育在网络上有足够的话语权,也有足够的把控权,不会让思想政治的网络传播风气被一些不法分子破坏。

（二）没有做到内容的真正融入

在融合当中,虽然已经取得了很多阶段性的成果,但是整体来说信息技术并没有完全融入思想政治教育。在新技术融合中,虽然微信公众号、官方微博等形式对思想政治教育的发展十分有利,并且吸引了全国各地大众的普遍关注,但是在发展过程中还有其他弊端。

首先,思想政治教育从现实世界走到虚拟的网络世界,从曾经的实际课堂转变为虚拟课堂,思想政治教育的热度能否依靠虚拟空间一直维持,它的时效性又如何考证,这些都是思想政治教育工作者在教学当中需要考虑的问题。其次,在思想政治教育中我们也有很多网站,将实体的党的方针政策和指导思想放到网站以及官方新媒体平台上,能让大众直接去了解。从形式上来说,思想政治教育确实做到了从实际走向虚拟空间,从有限群体走向了全国大众,但是对时效性的考察仍然是一个问题。如何借用信息技术的融合来提高思想政治教育的有效性,是思想政治教育工作者工作的重中之重。思想政治教育从实际空间扩散为虚拟空间,甚至在全网爆出热度,而其根本目标是吸引人们关注,让党的正确方针路线得到大众的认可,通过网络思想政治教育为大众树立起正确的政治观和人生观。思想政治教育的各种网络平台和官方媒体每天的运营都是为了让大众有正确的政治觉悟和政治理想,有着坚决不动摇的决心,不受外界不良信息的蛊惑。所以思想政治教育与信息技术的融合之路一直在教育工作者的摸索和探寻中前进,如何找到最佳的融合方式,实现最终目标是思想政治教育工作者一直在考虑的问题,也是本书探讨的主题之一。在时代的不断发展和科技的不断更新中,思想政治教育工作者都要不断去找寻最适合思想政治教育的信息时代之路。

（三）融合应用与研究不够深入

目前融合应用还在不断尝试摸索和探究中,尚且不够成熟。思想政治教育主要运用信息技术下的新媒体产物,增加了新媒体这样的全网载体,来对大众进行思想政治教育内容的传播和对思想政治的宣传。而在其他层面上,思想政治教育与信息技术的融合还远远没有涉及。思想政治教育与信息技术还没有实现有特色的融合,在融合的探索中也没有形成一套完整的理论。平台和数据之间的反映也只能看出表面的含义,无法深层次挖掘,也不能直接实施更多针对性的融合方法。这一切的融合手段和融合形式都还需要长时间的摸索。要想解决这一问题,需要思想政治教育者全面了解信息技术,以及微博、微信、今日头条这些新媒体的发展趋势和用户特点。如何挖掘其中用户,如何调动用户的积极性,利用好这些流量巨大的新媒体平台都是思想政治教育工作者需要长期思考钻研的问题。现在主要的问题在于,思想政治教育和信息技术之间的融合共性问题,只要解决好二者的共性问题,思想政治教育新媒体时代就会全面开启。然而这一过程也不是一蹴而就的,需要在长时间的探索中完成。但只要按部就班做好每件事情,了解信息技术的同时,了解大众的需求,再将思想政治教育融入其中即可实现思想政治教育与信息技术的融合,让有自己特色的新时代的思想政治教育在大家的共同努力之下形成。在由浅入深的过程中,思想政治教育工作者也能不断改变传统思维，改变自己以往陈旧的观念，真正学会与时俱进，真正落实和贯彻终生学习的理念，让思想政治教育在时代的变革中，永远走在前列，永远追随着时代的脚步，也让思想政治教育反过来促进信息技术的繁荣发展。

三、思想政治教育与信息技术高度融合的对策

思想政治教育与信息技术的相互融合，绝不仅仅停留在"信息技术＋思想政治教育"的单纯字面形式上。"信息技术＋思想政治教育"是在融合的基础上，让二者之间相互作用，相互促进。思想政治教育工作者需要不断扩大自己的知识面，开拓自身的学术视野和公众视野；学会宏观看待思想政治教育与信息技术融合，也要在融合之中从细微处找到思想政治教育与信息技术的共同点，让二者之间产生奇妙的化学反应；在不断的融合探索中让二者相互作用于自身，实现两者之间的转化。

（一）体现思想政治教育的整体性

在宏观规划上，做好思想政治教育与信息技术融合才能更加凸显思想政治教育的全局性。当今我国正在进行全面网络空间治理，思想政治教育与信息技术的融合成为我国社会建设的主要任务之一，为思想政治教育的意义找到正确的定位是非常有必要的。而思想政治教育与信息技术的融合，就代表着思想政治教育已经找准了自己在当今网络强国建设中的位置，也明确了自己的发展方向。同样为了朝着更加明朗的方向发展，就必须让思想政治教育在信息技术融合中形成自己特有的理论，产生良好的群众作用，这样才能够实现真正意义上的成功。在我国加强网络环境安全的建设中，思想政治教育可以充分发挥自己的作用，引导正确的网络舆论走向；在网络空间不良行为和氛围的治理中，思想政治教育能够为净化网络空间提供思想指引，促进和实现健康网络文化的形成。让思想政治教育进入网络，重新建立起一个健康文明的网络空间。

因此，思想政治教育无论何时，都在时代的发展中扮演着至关重要的角色。想要时代不断发展，就不能将思想政治教育隔绝在发展之外，

要将现代技术与政治思想相结合,既能让思想政治教育指引时代发展中人们的思想,促进信息技术的发展,又能让思想政治教育在信息技术的推动下,更加与时俱进。

(二)强化思想政治教育的预见性

思想政治教育的预见性,就是在不断掌握思想政治教育与信息技术融合的一般规律后,可以预见思想政治教育未来的发展走向,让思想政治教育的发展更上一层楼。与信息技术相同,多年来思想政治教育随着我国社会经济的发展也在不断发展。尤其在近些年的发展中,思想政治教育工作者要不断注意思想政治教育的发展规律,预见思想政治教育的发展趋势;不断关注青少年群体的思想成长,利用网络信息技术的发展,引导青少年形成一个正确的价值追求和思维方式;不断净化青少年的话语模式,让青少年养成良好的行为习惯。

(三)增强思想政治教育的实效性

思想政治教育的有效性是开展思想政治教育与信息技术融合的重要目的。这就要求思想政治教育工作者要明确认识到,思想政治教育搭上现代科技信息技术这趟网络便利车之后,相较于传统思想政治教育信息时代下的思想政治教育,应该在这趟便利车上"做什么"和"怎么做"。现代思想政治教育,在与信息技术融合的探索上,不应该只局限于把过去的教学内容放到信息技术平台上,这样的表面融合远远没有让思想政治教育的有效性最大化。这样的融合还停留在传统思想政治教育教学的形式上。新时代的思想政治教育需要教育工作者仔细研究信息技术平台的特点,了解思想政治教育的发展方向,考虑如何赋予传统的思想政治教育一个新的形式,如何为一直讲述的老内容增加新的含义。新时代的思想政治教育既要囊括传统的思想政治基本原理,也就是我们所说的一直坚持不会变动的"老内容",也要赋予思想政治教育新时代的含义和内容,例如让大众对新兴的媒体平台和媒体技术有一个正确的认知,让大众学会如何来正确看待如今流量火爆的媒体平台,让大众坚定正确的人生观和价值观,不盲目跟风。思想政治教育工作者可以通过各大网络平台来帮助民众答疑解惑,增加民众之间的互动,让民众变成自己的粉丝,这样对于人们坚定正确的政治理想和树立正确的人生观都有很大益处。并且,在不断的互动当中,思想政治教育的传播力度也得到了加强。

第四节　思想政治教育与职业素养教育的融合

一、高职思想政治教育与职业素养教育的内涵和特点

(一)高职院校思想政治教育的内涵和特点

高职院校思想政治教育与我国的普通高校别无二致,高职院校思想政治教育同样要始终坚持贯彻党的教育方针,严格遵守高职院校的教育规律,对学生进行有目的、有计划性的思想政治方面的影响。同时,高职院校思想政治教育还应始终遵循为国家和社会发展培养符合需要的人才这一原则,积极开展思想政治素质培养教育实践,以提高学生的道德品质和政治素养为己任。

具体来说,高职院校思想政治教育有自身的五大特点。第一个特点是政治性。高职院校思想政治教育必须要对应社会主义制度的要求,全面贯彻和执行党和国家的教育方针。第二个是高职院校思想政治教育的时代性。高职院校思想政治教育的教学内容,一定要符合党的创新理论和时代的发展,同时跟随发展一起进步。第三个是高职院校思想政治教育的导向性。高职院校思想政治教育活动是所有教育实践活动的导向,是教育活动价值的标杆,为素质教育发展提供方向。第四个是高职院校思想政治教育对校园文化建设的文化性。校园的文化建设要对大学生进行思想政治与人文素养相结合的教育,思想政治教育的文化性显露无遗。第五个是高职院校思想政治教育的普遍性。思想政治教育的目标和内容不仅仅是针对一所高校适用的,而是所有高校基本一致,具有普遍性的。

（二）高职院校职业素养教育的内涵和特点

高职院校职业素养教育的内涵是,高职院校思想政治教育工作者遵循职业发展规律,不断提高自身的修养,通过实践和课堂教育,帮助高职院校学生形成重要的思想政治品质和道德品质,培养学生的职业素养和职业品格。

职业素养教育同传统的教育不同的是,它是一种实践和过程的教育,让学生在职业体验以及实践的过程中,可以切身感受到职业发展的需求。具体来讲,高职院校职业素养教育有三大特点。首先是高职院校职业素养教育的个体性。职业素养是指在职业岗位上,要求从业人员具备自身精神的内化和外化的行动上对职业的态度都有所体现,是对学生个人职业素养能力的全方位提高。其次是高职院校职业素养教育的实践性。最后是高职院校职业素养教育的差异性。

（三）高职思想政治教育与职业素养教育融合的必要性

高职院校与普通高校的不同之处在于,高职院校全面贯彻素质教育方针,不断创新高职德育教育,在教育实践活动中强化和改进思想政治教育方法。将思想政治教育和职业素养教育融合为一体,为培养合格的社会主义接班人不断努力。可见高职院校思想政治教育与职业素养教育相结合是大势所趋,也是必须实现的。这主要体现在三个方面。

1. 坚持以人为本,促进学生全面发展

众所周知,科学发展观的价值核心是以人为本。高职院校思想政治教育与职业素养教育相融合,也要遵循以人为本的宗旨,全面提升高职学生的行动能力和道德素养。专业知识和职业技能同样重要,思想政治教育和职业道德素养并驾齐驱,才符合社会对人才培养的需求。

2. 形成教育合力,提高高职德育实效

通过专业的课程培训、主题教育活动项目实践,来展开高职学生思想政治教育和职业素养教育,这样更有利于思想政治教育和职业素养的融合。

3. 把握职教目标,凸显高职德育特色

高职院校坚持以就业为导向,以服务为宗旨,实行工学结合、校企

合作的人才培养模式,这都是其区别于其他普通高等院校的鲜明特色。高职院校的德育工作,只有把个人品德教育、思想政治教育与职业素养教育融合起来,才能更多地体现高等职业教育的特点,走上高职德育的创新之路。

(四)高职思想政治教育与职业素养教育融合的可能性

虽然思想政治教育和职业素养教育有不同的内涵,有各自不同的体系,还有各自不同领域所具备的特点,但是二者之间也有很多共同之处。这些共同之处让二者之间的相互融合有了契机,也为二者的完美融合提供了更多的理论依据。

1. 教育主体的一体性

思想政治教育和职业素养教育分属于不同的学科,但是二者都属于高职院校德育的重要组成部分,也是学生进入社会必须具备的德育品质。因此二者具有一体性。

2. 教育对象的同一性

二者的培养对象都是在校的高职学生。二者教育内容的开展都必须根据学生的认知特点、行为特点以及时代发展,需要去制定合理的教学方案。

3. 教育目标的一致性

虽然二者的最终教育目标不同,但是二者的目的都在于培养学生成为社会有用的人才,让学生具备时代发展所需要的品质,二者在这一点上具有一致性。

4. 教育内容的共通性

二者虽然分属于不同领域,但是在教育内容上既有相互交叉的部分,也有相互渗透的。二者的德育教育都占据了两门课程中的核心位置。所以二者之间具有共通性。

二、高职思想政治教育与职业素养教育融合的基本途径

(一)以社会主义核心价值观为统领

职业素养教育目标理念的确立,要以社会主义核心价值观为统领。

社会主义核心价值观教育无论在高职思想政治教育中,还是在职业素养教育中,都必须是指导思想。

(二)以行业文化、企业文化为纽带

先进的行业文化和企业文化能让学生看见生动的事例,是对学生进行思想政治教育的好案例。高职学校更可以将这样的行业文化和企业文化作为载体,由此来对学生进行职业素养教育。校园在以往的观念中,都离企业很遥远。而在进行职业素养教育时,可以打破先例,将先进的企业文化带到课堂。这样一来,学生容易领略企业文化和行业文化的魅力所在,有利于将思想政治教育与职业素养教育颇具特色地融合在一起。

(三)以胜任思想政治教育和职业素养教育为标准

建设专家化的德育教师队伍需要以胜任思想政治教育和职业素养教育为标准,建设专家化的高职德育教师队伍是充分融合高职思想政治教育和职业素养教育的关键。作为一名高职德育工作者,必须在具备专业的理论功底和教育能力的基础上,对所要进行德育教育的学生的专业有所了解,无论什么样的工作岗位,教育工作者自己首先要对这样的工作岗位有所认知,了解各行各业的工作特性,做好专业的知识标记,才能够更好地为学生答疑解惑。要想提高学生的职业素养,首先要严格要求自己,让自己具备更高的职业素养,这是成为一名合格的高职德育教育工作者的基本标准。同时,在进行德育教育时,要将社会主义核心价值观同职业特色充分融合,一方面引导学生树立正确的政治观和世界观,另一方面引导学生形成正确的职业观念,养成良好的职业素养,为今后的工作和生活打下良好的基础。

第二章　高职思想政治教育与教学

高职思想政治教育课主要是对高职学生进行理想信念、人生价值、道德修养、法律基础等方面的教育。高职思政课将政治性、法律性、思想性、实践性集合在一起，主要在于帮助高职院校学生正确把握国家的方针政策，学会不断学习新鲜事物，增强个人的学习能力和行动能力，形成良好的政治素养和职业素养，以便将来能够更好地在社会立足，也能更好地为社会服务。中共中央宣传部、教育部曾经颁发《关于进一步加强和改进高等学校思想政治理论课的意见》，其中明确提出了高等学校思想政治理论课所有课程都要加强实践环节。要建立和完善实践教学保障机制，探索实践育人的长效机制。

第一节　高职思想政治教育概述

一、高职教育的发展过程及特点

（一）高职教育的发展过程

通过查阅大量相关资料，我国高职教育的发展过程和特点，可以总结为五个时期：

（1）1977—1984 年这段时间为高职教育的全面恢复阶段。该阶段，我国的高等专科教育全面复苏，并且在高等专科教育中，主要以职业大学为重点来积极发展全新的高职教育。在全面恢复阶段的高职教育中，主要以改革招生、分配制度做发展的接入点，鼓动大家的积极性，为大众提供更多的教育机会。通过较小的投入，提供相对较多的上学机会，是我国高等教育改革的一个尝试。

（2）1985—1994年这段时间，进入了高职教育的探索和调整阶段。在探索和调整阶段，我国高职教育在办学主体、学制改革与办学特色、培养目标等诸多方面进行了系统化探索和方案制定。首先通过多主体办学的形式，高等专科学校开始出现，成人高等学校、高等职业技术院校也逐步形成，出现了"三教统筹"的格局。其次，调整和改革学制，多样灵活的办学模式再次适应了社会发展的需求和我国人才发展的要求。此时高职教育初具规模。

（3）1994—1998年这段时间高职教育的地位逐渐确立起来。在此期间，《职业教育法》的颁布明确了高职教育的地位，高职教育的发展成为高等教育的重要组成部分。《职业教育法》还明确了高职教育发展的基本路线和基本策略，也就是人们常说的"三改一补"。在这期间也确定了高职教育的法律地位。

（4）1999—2004年这段时间随着我国经济的快速迈进和发展，社会对技能型人才的需求越来越大，该阶段的高职教育不断进行改革和发展。高职教育不断发展壮大，也在不断与时俱进地进行改革试验。在此期间，高职教育的主要任务被明确，高职教育开始实行"新模式、新机制"的发展策略。各个地方的高职学校也都得到了各地方政府的支持，发展越来越快速，规模也越来越壮大。

（5）自2004年到现今，高职教育已经处于全面提升教育质量的阶段。此阶段确立了高职教育的总体质量提升方案，众多示范性高职院校的质量提升已经逐渐落实。

（二）高职教育的特点

1.专业实践性

职业教育在于培养一线的技术工作者、管理工作者等，专业操作性和未来就业岗位的对口性极强，所以职业教育非常注重对学生实践技能的培养。

2.区域特色性

不同区域对职业技术人才的需求不同，主要由当地经济类型决定。所以职业教育具有一定的区域经济特色。这样的特点不断推动职业教育的发展。职业教育为社会输出了大量具有专业素养的高级技术人才。目前,越来越多的地方职业教育根据地区的经济发展开设不同的专业,调整专业招生人数和师资配备等,让地方发展和职业教育发展紧密结合。

3.实用实训性

职业教育的最大特色就是实训性强,特别强调技术技能的实训操作。高职院校开始不断扩大实训基地,培养更多一线高级技术人才。

4.开放性

个体对象之间适应能力有差异,所以教师应该因材施教。职业教育主张开放性教学。

除上述四大特点以外,职业教育还具有生产性和时代性。职业教育的特点和发展方向都由生产方向和时代需求所决定。

二、高职思政教育的特点

(一)教育对象的特殊性

高职院校招生渠道分为两种。一种是在普通高校招生过后,高职院校再招收高中生。一般来说,高职院校的学生都为普通高招最后一批次的高中生。另外一种渠道是招收职业中等学校等对口的考生。在传统观念中,很多考生和家长都将报考高职院校看作无路可走的选择,也就是所谓最后一种选择。普通高等学校仍然是人们所热衷的,而职业院校并不受热捧。再加之近年来普通本科高等学校不断扩招,全国的考生基数在不断下降,高等职业院校的生源从质量上到数量上都出现了萎缩的情况。为了能够招揽更多生源,很多高等职业院校一再降低标准,这就容易导致学生的整体质量下降,学生的素质相差较大,在进行德育工作和思政工作时也有一定的难度。并且,由于学生水平参差不齐,在开展工作时,需要考虑更加广泛的生源范围,不能生搬硬套普通高校的思政教育工作模式。要针对自身院校的状况和学生整体的特点来开展工作,做到能够根据不同的学生差距进行针对教学。

（二）教育目标的特殊性

高职院校的教育目标相对于普通高校更加直接。高职院校主要教育目标在于让学生经过学习成为一线需要的高级专业技术人才。其指向性和实用性都要比普通高校的教学目标更加直接。其实在每年的就业率测评当中，高职院校都属于佼佼者，因为在当今社会的需求层面上，大量岗位都是以实践为主的技能型岗位。而真正以高等院校教育为主的研究设计型岗位相当有限，因此高职学生具有很大的优势。也让高职学生在毕业后就可以凭借一技之长找到对口工作。相较于普通高校来说，高职学生的就业指向性更强。虽然很多家长和学生不重视，但是高职院校自身的这种优势是无法取代的，而且随着社会发展，人们也越来越认识到这点，越来越多的人放弃普通高等学校的录取机会进入职业院校。

（三）教育模式的特殊性

高职院校的教育主要强调对学生职业技能的训练，目的在于为社会各个岗位输出一线技术型人才。高职院校的教育注重理论结合实践，工学一体，学生培养计划中实训教学的比例较大。同时，高职院校的教育模式更加开放，教学方式更加多样灵活。高职院校的教学内容、教学方案可以根据学校、行业、企业三方对人才的培养需求共同制定。在实习上，高职院校的学生可以根据教师和企业的安排进行对口实习。在实习过程中提前熟悉企业环境，实现在校内与企业双向交流，对之后的就业更加有保障。高职院校实现了教中学、学中教的双向性，既提高了学生的专业知识，又提高了学生的实际动手能力，让学生熟练掌握技能。高职院校还可以与企业一起，对学生进行技能考核，并为学生颁发行业和企业肯定的职业资格证书。在就业上，职业高等院校有着得天独厚的条件。不过对于思想政治教育来说，由于办学时间比较短，没有长期的历史积淀，所以在这方面还欠缺一些经验的积累和传统文化的底蕴。

（四）教育内容的特殊性

上文提到，高职院校和其他普通高等学校相比，有着自身的特殊性。这样的特殊性也显现在大学生思想政治的教学内容上。高职院校的思想政治教育主要在于培养学生正确的政治观。高职思政教育的主要目的是要让学生通过对思想政治教育的学习,形成行业岗位需要的职业素养;确立学生对自身的价值的正确认识,使其形成正确的世界观和价值观,养成积极向上的思想,顺利完成学业。因此高职院校思想政治教育工作者在教学当中,必须要以学生为中心,以培养学生职业道德和思想品德为出发点,有针对性地培养学生正确的职业观和人生观。

三、高职院校大学生群体的思想特点

高职院校的生源具备差异性,所以高职院校大学生的思想特点主要有以下几方面:

(一)思想观念非常活跃,是非判断能力相对较弱

首先就年龄来说,高职学生大部分年龄偏小,这些学生处在一个网络信息开放多元化的时代,整体的生活水平和家庭条件都比以往的学生好。良好的物质条件也让这些学生接受更多信息,思维更敏捷和活跃;喜欢接受新鲜事物,对新鲜事物保持着新鲜感。这些学生在政治方面更加积极向上,大部分学生都喜欢主动参与社会实践。阳光开朗、情感丰富也是学生的优点,但是由于年龄比较小,社会经验不足,是非辨别能力和判断能力都有所欠缺。

(二)具有较强的主体意识,自我控制力相对较弱

在处理问题时,学生的主体意识较强,但是自控能力却相对薄弱。即使他们在心底有着很强烈的成年人的意识,想要更多自主的空间和自由权利,但由于缺少整体规划和自我监管的能力,他们的很多目标难以得到实现。

(三)情绪比较浮躁,具有一定的自卑心理

高职院校学生处于青年期,生理的发展还是远远超过了心理发展。所以在生活和学习过程中,因为心理不够成熟,很容易有急躁的情绪。在人际关系和学业上都会出现一些问题,尤其在遇到挫折时,更容易产生巨大的抵触情绪和逆反心理。一部分高职学生来自普通高招的最后一批次,所以在进入高职院校的时候,认为自己高考失利,对自己的定

位较低,对人生、对未来有着无限的质疑。所以,高职院校的思想政治教育非常关键,要树立起学生的自信感,树立学生正确的人生观,让学生获得乐观、积极的心态。

第二节　高职思想政治教学的现状及策略

一、高职思政课教学现状与问题

（一）学生方面的问题

本书也谈过很多次生源的问题,学生习惯了被动的学习,且大部分对思想政治课程并不重视,一直以来只注重专业课的学习而忽视了思想政治课程的重要性,导致心中的迷茫和烦闷无法排解。个体意识过于强烈,不知道如何改变自己的低效率;集体观念的淡薄,让一些学生的心里十分苦恼,但是因为无法排解,量变产生质变,容易出现一些心理问题。

（二）教师方面的问题

在高职院校的思想政治教育中,不只是学生可能会出现上述问题,一些教师本身也携带着消极情绪,无法达到教育工作者最基本的职业准则。不必上升到思想政治教育的目的和使命上,因为自身的理论水平低而产生的学识和修养问题,都是导致高职院校思想政治教育发展不足的原因。作为教育工作者,没有足够的学识和修养,自然不能够吸引学生,让学生接受教师的教育。一味地进行机械授课早已失去了上课本身的意义。这也从侧面反映出一个问题,就是高职院校师资结构失衡,很多高职院校的师资配备过于单一,导致思想政治教育的发展受阻。

（三）学校领导层面的问题

现在很多高职院校采用年级授课制,一般思想政治课程基本在100人左右。这样虽然节约成本,却也忽略了思想政治教育的重要性。一些学校过于注重强调培养学生的技能,轻视了思想政治理论对学生人文素质教育的培养,以为可以走捷径,然而往往结果并不如意。邓剑虹专家表示:在高职院校的教育当中,很多学校都只重视技能和知识的教育,却忽视了学生的思想教育。在专业的师资配备和基础配置上不惜重金,而思想政治教育的工作和师资配备,基本无人问津。

(四)社会环境方面的问题

思想政治教育处于现在的地位,也与社会的大环境息息相关。因为在社会环境中,并没有明确高职学生思想政治水平的标准。在目前的大环境下,很多高职院校对思政课的投入少,降低了教师和学生对思想政治课程的关注度。很多学生更加注重就业对口的专业技能课程。

(五)教学方面的问题

在教学方面,一些高职院校教师的教学观念陈旧,不能适应当今时代发展的要求。教学内容没有结合当今社会的形势,针对性不强,让课程变得枯燥乏味,不能够引人入胜。在思想政治教育的考核中,模式太单一,又过于偏重书面上的理论考察,不适应高职院校的学生,没有将高职院校学生的特点与考点和教学内容紧密联系起来。庞大的内容体系和偏多的理论内容让学生不适应,因为课程内容较多,课时较少,教师的教学模式也比较固定,课堂的氛围不够活跃。

二、提高思政课教学质量的客观前提

教材是任何一门课程教学内容和教学活动开展的前提,也是教育目标制定的基础,对教学实践活动的开展有制约作用。如今的高职院校针对思想理论政治教育开设了两门课程,即"毛泽东思想和中国特色社会主义理论体系概论"和"思想道德修养与法律基础"(简称"毛概"和"思修"),与普通高校相比少了"马克思主义基本原理概论"和"中国近现代史纲要"。教材的编写是否符合高职院校学生进行学习,对于高职院校学生的思想品德培养是否能够实现目标是非常重要的。目前来说,高职院校思政课程教材的内容在编写实施上,还有以下几个方面需要稍加改进和调整:

（一）应编写具有高职特征的思政课理论教材

现如今高职院校的"毛概"和"思修"两门思政课的教材和普通高等本科院校的教材是一样的。院校的性质不同，生源不同，今后面向的专业不同，却用着一样的教学内容，这是思想政治教学内容和教学对象二者之间的不一致。虽然从整体上来讲，思想政治课程上普通高校和高职院校的政治观点和理论思想都是一致的，但是两个院校生源不同，面向的层面不同，教材内容中却没有体现这一点。太过于笼统让高职思想政治教育课程有些无法适用于高职学生的需求。所以在未来高校思政课的发展上，在教材和课程设置上都要在保证大方向一致的前提下，做出针对高职院校学生进行思想政治教育的内容调整。

（二）应编写高职思政课实践教学规范实施方案

2004 年教育部曾经提出高职院校必须要加强政治理论教育与社会实践并重的教学方法。高职院校思想政治教育工作者必须在重视技能和知识教育的基础上，将政治理论教育与社会实践相结合，只有如此才能够让学生学以致用，这也是规范高职院校思想政治实践教学的要求。

实现对高职思政课的进一步规范，首先要调整的便是高职思政课的教材。很多专家建议，教育部可以指导地方各大高职院校根据自身情况和地方特色，编写符合自身实际情况的实践教材。

三、提高思政课教学质量的主体条件

提高高职院校思想政治教育，就必须满足两大条件。首先是教材的质量要有保证，其次就是师资水平要有保证。两个条件缺一不可，教材的质量为教师提供了基础，而教师的专业素质影响了课程的实施。高职思政师资配置成为教育发展的主要核心。

（一）应按教育部规定的师生比配备完整的师资队伍

以上海地区为例。经过数据调查统计，上海各大地区高职院校百分之五十的学校，思政课堂班级人数超过百人，思政教师数量非常少。太过悬殊的师生比例，导致教师不能很好地和学生进行互动交流，也很难在一节课堂中与学生多进行讨论，严重影响了思政授课的效果，阻碍

了思政教育的发展。根据规定,高职院校思政课堂的教学规模应该控制在每个班级 60 名学生左右。很多思政教师课程过满,学生的专业也比较分散,导致教师无法有更多时间与学生进行课下交流。扩大高职院校思政课教师的数量,增强思政教师的专业素养是思政教育发展的关键。

（二）应加强思政课教师教学方式方法的培训

在上海高职院校的调查问卷中,有一项对高职院校思政教师专业教学方法的测验,结果有百分之三十的教师不知道一些专业的教学方法的名词。由此可见高职教师的专业素养和与时俱进的探索精神都需要加强。

四、提高思政课教学质量的关键

教材质量和教师专业水平问题都是职业院校思政教育发展的关键。教师的专业水平、课堂准备以及能否与学生展开有效互动,都直接影响着教学效果和教学质量。因而高职院校的思想政治课程教师必须在充分掌握教材的基础上,紧抓学生的需求,做好备课,在课堂上灵活地与学生进行互动,这才是提高高职院校思想政治课程教学效果的关键。

（一）丰富课堂教学方式,营造良好的思政课学风

课堂教学的效果直接影响思政课教学的效果,并且影响学生学习兴趣的培养。所以如何形成自己的教学模式,提高思政课学生的积极性是关键。简单来说,就是需要改变目前的思想政治课程的课堂氛围和学习氛围。首先要做的是改变填鸭式教学模式。现在越来越多的教师已经开始摒弃这样的教学模式。教育部门也多次提到改变这样的填鸭式教学方法。改变教师过于僵化的印象,面对崇尚自由、强调个性的大学生,要给予学生充分的自由,用平和的心态和形象来与学生进行交流并授课。教师不再是以往的权威形象,也不是以往的刻板形象,而是从讲台上走下来,与学生面对面进行交谈。用互相交流的方式让学生接受课堂内容,并且愿意将教师所传达的思想内化为自己的行动去遵

守,也就是将以往的填鸭式教学改为启发式教学。启发式教学虽然说起来容易,但是要真正做到实现百分之百的效果,需要教师花费大量时间来加强自己的专业素质,包括加强对学生的了解,也需要教师有良好的职业素养。

（二）努力更新课堂教学观念,积极开展课堂教学改革

"课堂革命"指的就是能够将传统的课堂印象改变,让课堂更加开放,更加自由,更加具有互动性。目前我国高职院校的思政课堂有了很大进步,在教育工作者的不断努力下,已经总结出了很多宝贵经验。

（三）严格把关课程检测方式和考查机制,提高课堂监督力度

要紧紧围绕课程教学目标设计考核方式,将知识、能力和价值观目标融入考核设计中,将记忆、理解、推理和实践等方法融入考核过程中,将开卷考试和闭卷考核结合,将过程性考试和终结性考试结合,以考促改,以考促教。

要想让高职思想政治教育全面发展,就要做到以上三个环节。只有三个环节都做好,才能达到预期目标。

第三节 高职思想政治课教师合作育人联动机制

一、当前合作育人教育机制产生问题的原因

（一）平行性的运行机制影响了合作联动

现在大部分高职院校的思政课老师和辅导员是两个平行的管理系统。一般来说,辅导员归属学生的管理系统,而思想政治课老师归属教学管理系统。不同的管理系统让二者之间的关系平行,而且大部分辅导员不会由思政老师来担任,一般来说辅导员都是由本年级本专业的教师来负责。思政课老师只是负责平时授课而已,与学生的接触机会比较少。学生在有思想问题要请教时,也不方便与思政老师沟通。一般来说大部分问题都会找辅导员来解决。而辅导员一般负责管理很多

日常的学生工作,能对学生进行思想教育的时间非常有限。并且,辅导员一般都是刚进入社会的大学生,并没有太多的阅历,在学生请示一些问题时,因为本身也不是思政专业,并不能为学生做过多的解答。这样的平行管理造成了思政教育发展的一大难题。平行机制对于大学生的联动产生了较大的影响。

（二）封闭的队伍建设影响了合作育人

教育部对高校辅导员的工作是非常重视的。因为在高校管理环节中,辅导员起到了承上启下的作用,是学校和学生之间的纽带,是学校制度的传达者和执行者。也正因为这样的纽带作用,辅导员具有教师和干部的双重头衔。在普通高校中辅导员有责任对学生进行思想政治教育。但是在大部分的高职院校中,这样的要求很难实现。联动的困难让辅导员和思政教育之间很难形成紧密联系。

（三）工作目标差异影响了机制实现

虽然在工作目标上,思政课老师和辅导员都希望可以帮助学生形成坚定的政治观、正确的价值观,具备社会需求的各种优秀品格。但是毕竟二者属于不同的管理系统,日常工作内容有很大区别。辅导员除了要对学生进行思政教育外,大部分时间都在处理学生日常生活的难题,一些高年级辅导员还要忙于为学生做就业指导。所以辅导员没有太多时间放在思想政治教育上。而思想政治老师的主要工作目标就是提高学生的政治觉悟和道德素养,但是有些教师可能过分重视理论指导,忽略了实践这一方面,在教学上没有起到很好的效果。

二、构建联合育人机制的策略

（一）组织教育机构的科学联动

高职院校并没有思政专业,所以在高职院校中思政老师都不会固定地划入某个专业或者院系的管辖中。不过随着高职院校管理体制的改革和细分,很多高职院校最终确定了思政理论老师归属于教学管理系统。不与辅导员同部门管理,这样简单粗暴地将二者分离开对于思想政治教育的发展没有益处,反而分离了明明可以互相联系的两个主体。想要思政教育得到飞跃发展,构建联合育人机制是当务之急,必须将思政教师和辅导员联系到一起,二者归结为一个系统当中,方便开展更多思政实践活动,互相沟通学生思想。要想将高职院校思政课老师和辅导员归结为一个系统管理,就必须要让学校的管理层意识到这一点。由高职院校的党委宣传部等主动进行协调部署,让辅导员归属的学生工作部门与思政理论课归属的教学部门能够联系起来,并且团结一切可以团结的机构,例如团委、就业指导中心等诸多组织,相互配合,既充分调动学生的积极性,也充分调动教师的积极性,共同组成一个可以互动配合的团结组织,为思政教育的发展提供良好的氛围。在这样的组织当中,始终坚持科学的管理方法和管理机制,有条件的高职院校可以多多开展一些实践活动,加强师生之间的互动交流。在管理当中,要明确分工,落实好工作人员的职责,严格管理。但是也要注意既然形成了一个团体,思政教师和辅导员之间的工作关系不能完全分裂开来,必须要注意相互之间的配合和工作效率的提高。

(二)队伍建设的联动

队伍建设的联动需要每个成员共同的努力。要想改变过去封闭式的各自为政的局面,就要努力将二者之间的交集扩大。具体来说,需要做出三个改变。

第一,高职院校的辅导员选拔要更加严格。不能再像以往一样门槛过低,导致辅导员的水平不足而影响思政教育的发展,也没办法完成教育目标。在选拔中,必须要将辅导员的思想政治理论素养作为首要考核点,不具备这样的素养的直接不通过。辅导员的学历条件要满足硕士以上,最好可以在具备思政理论的基础上对心理学和法学有所了解。这些条件都需要高职院校的领导和人事部等一一进行严格筛查。这样既能确保辅导员的基本素质,也能够保证至少在理论层面上,辅导员可以独当一面。在一些不具备和思政教师联动的学校中,也能够帮助学生更好地养成正确的政治素养。

第二,尽量促进思政理论教学课老师和辅导员二者之间的工作交流。进行工作交叉,可以在思政教师的带动下提高辅导员的思想素质。

辅导员的思想政治得到提高,就可以更好地进行思想政治教育工作。一方面可以不用必须强调将思政教师与辅导员划为同一部门,一方面也解决了当今思想政治教育发展的困境。在这样开放式的沟通和合作当中,思想政治老师和辅导员二者之间角色可以互相转换,辅导员可以通过思政教师的帮助,潜移默化地影响学生的思政水平;思政教师在了解了学生的思政水平和心理状态后,可以更好地改进教学方式和探索教学模式,开放的沟通改变了传统闭合体系产生的思政教育弊病,让三者都受益。

第三是要构建团队,在思政老师和辅导员的不断交流中构建出一个梯队。团队当中要有中青年老师为团队的延续做保障,既保证团队的活力性,也保证团队的理论和经验厚度。

（三）工作内容的联动分析

从高职院校的学生情况来看,他们的自控能力较差,所以需要辅导员和思政老师多做工作。这就要求思政老师从传统的课堂教学当中走到学生身边,与辅导员互换位置,参与到学生的日常学习和生活当中,对学生进行深入的思政教育。让学生更加直接地接受思政教育,效果更加显著。而辅导员可以从学生的日常生活中走进课堂,多开展班会活动,对学生进行理论思想政治教育。让学生不仅在行动上感受到思想政治教育,并且将思想政治观念和道德素养上升归结到理论层面,二者之间的角色转变对学生来说是形成和发展道德素养、政治素养的关键。这样,教学效果也能得到明显改善。

（四）双向考核机制的联动

既然上文阐述了诸多因素之间的互动,那么在日常教师的考核上也要实现二者的相互联动。思政理论课老师的考核内容应增加一条课外育人项目,其中包括思政教师积极参与学生活动等内容。而辅导员的考核项目要增加一项理论课程的考核,将是否积极参加思政教育的科研活动列为评价辅导员工作的重要标准。

第四节　高职思想政治课教学内容整合探讨

一、高职思政课总体内容的整合应突出高职的特点

高职思政课内容的整合应该具备以下特点。

（一）以职业素养为导向整合教学内容

前任教育部部长周济指出："高职教育必须与本科院校错位发展，坚持以就业为导向，把满足劳动力市场的需求作为发展的动力，把提高学生就业和创业能力作为改革的方向。坚持以就业为导向，是我们工作的出发点和落脚点。"高职院校是培养专业化、职业化的人才阵地，秉持"以服务为宗旨，以就业为导向"的办学理念。越来越多的职业院校开始设计以职业岗位群为导向的课程体系。在这样的发展形势下，高职思政课应该紧密结合学生职业发展需求，以职业素养教育为导向整合教学内容。

（二）教学内容整合要突出"够用"和"管用"

不同于普通高等教育的培养目标，高职教育的培养目标不是普通高等教育所需要的科研型人才，也不是中等职业院校培养的纯技能型人才。高职院校的教育目标是，让高职院校毕业生在具有一线技术的基础上还具备创新能力。从目前的社会发展、人才需求来看，职业教育课程内容需要逐步实现职业性和学术性的双重整合。随着社会的转型、信息时代发展的加速，每个人都需要具备终身学习的能力和不断创新的能力。因为在时代飞速发展的状态下，人们不可能一直处于一个职业丝毫不改变。而现在人们对这一方面的认识还不够强，尤其是在高职院校中，学生对这样的观点体会较弱。所以高职思政课的一个重要目标，就是要让学生意识到技术和创新二者的重要性，让学生认识到信息时代下职业岗位的变化和对知识技能的需求；从根本上培养学生形成终身学习、不断开拓创新的思想，同时坚持对学生进行马克思主义

理论教育,为使学生形成科学正确的世界观和人生观做出努力。为提高大学生的政治素养和人文素养,高职院校思想政治教师要不断开展价值观教育,进而潜移默化地引导学生对自己和社会都有一个正确的认识。

(三)将实践教学变成思政课的重要内容

高职思政课教学的首要特点就是强调实践性,这也是高职院校教学的本质。所以实践环节是高职院校思政课的重要教学内容。但是实践教学并不是可以随意实行的。实践教学必须根据高职思想政治教育的教学目标制订一个如何引导大学生从深入社会、了解社会到可以服务社会的教学大纲。实践教学是对高职院校思政课的理论延伸,是对思政教育进行升华的一个重要手段。只有做出这样的改变,才能培养出未来可以面向社会的高技术、能创新的高科技人才。实践教学环节是培养高技术人才的重要内容。因为只有在社会实践当中,思想政治教育工作者才可以用生动的实践来灌输思想政治理论。学生也可以在实践当中,充分感受和领悟马克思主义理论,明白马克思主义的理论指向性对实践的重要性。在实践教学过程中,教育工作者要帮助学生培养出从实践上升到理论的高度,学会用理论来解决问题。实践教学不仅让思政课的实效性和时代感淋漓尽致地表现出来,也让学生可以深刻认识到思政课的重要性。因此在思想政治教育当中,教育工作者需要充分整合资源,开展社会实践课程。整合资源需要的不仅仅是运用校内资源,更要与校内的各种资源相融合。最好的实践课形式就是能将思想政治理论课和专业课联系起来,这样的实践课程效果更好。同时在开展实践课程时,也可以充分利用学生社会实践基地,现在很多高职院校都有和企业建立的社会实践基地,这样教师就不用担忧场地,同时可以充分调动各方的积极性。社会实践基地为实践课程的实施和开展形式提供了有利帮助。同时思想政治教育工作者和学校的教务管理人员可以考虑成立实践相关教育处,不断引导大学生多做一些社会实践活动,让学生真正走出校门,了解社会、认识社会。这样的培养可以使学生形成坚毅的品质,同时提高了学生的控制能力和自我教育能力。

二、以职业素养为导向的思政课教学设计

(一)准确把握课程定位是教学设计的逻辑起点

高职院校的思想政治理论教学对学生的发展和人格形成有着至关重要的作用。这也就意味着高职院校的思想政治理论教学有着很强的责任。一方面,高职院校思想政治教学需要培养出适合社会发展的学生,使其符合我国社会主义建设对人才的需要;另一方面,要求学生养成良好的道德品质,形成终身学习的理念。

高职院校因为层次不同,对教学目的的具体定位或具体要求有一些差距。但这并不意味着每个学校都必须要独立出很多不同的教育培养目的。在教学改革当中既不能追求都相同,也不能追求完全的与众不同而不适合学生的发展和时代的需求的方式。

社会需要的不仅仅是工作能力好的人,还需要有着良好道德素质的人才。这就需要高职院校在学生培养中,不能只注重知识和技能的传授,还需要培养学生良好的品德。这样才能够顺应时代的发展,而这也就将学生的职业和思想政治教学联系在了一起。

(二)精心组织教学环节是教学设计的主要抓手

1.教学目标设计

教学设计系列活动的起点和终点的开端都是教学目标,在高职院校的思想政治教学中也不例外。在高职院校思想政治教学中,一定要结合大学生的认知特点和思想实际,并和社会的大环境充分联系,让学生的公民素质和道德素质以及职业素质都得到提升。这是高职院校思想政治教育的目的。也就是说,高职院校教育在培养学生的技术技能的同时,让学生形成坚定的政治立场和正确的世界观及价值观是关键。

着力培养学生的人际交流能力、树立积极的职业理想,遵守相关的职业规范,找到自身的工作价值等,从方方面面对学生进行培训,帮助学生懂得自己在未来的工作和生活中需要承担的责任和义务。

2.内容体系设计

教学设计中最大的难点和重点在于如何将教学内容进行合理巧妙

的安排。因为教学目标都是以教学设计为导向的,教学设计的好与不好直接影响了教学目标和教学效果的实现。所以教学设计和教学实施是教学改革中的重点。高职院校的思想政治教育也是如此。在高职院校的思想政治教育学习中,教师应该在充分掌握教学内容的基础上,对教学方法进行合理的调整,通过翻转课堂以及云课堂等形式对学生进行调动和启发。

3. 教学策略设计

教学策略是实现教学目标的基本,即实现教学任务的基本。如果将高职院校思想政治课程的教学比喻为过河,那么教学目标就是需要到达的河的对岸,而过河的这个过程就是教学策略。教学策略是让大家开始思索该如何过河,如果教学策略设计不当,那就没办法为过河创造条件,没有过河的条件那就没有办法实现过河的目标,由此可见教学策略设计的重要性。如果没有成功的教学策略设计,一切的教学目标都不能够实现。

4. 质量评价设计

教学设计的其中一个重要组成部分还包括教学质量评价。高职院校思想政治教学设计是指通过科学的评价方法和技术,对高职院校思想政治教学的课堂过程和课堂效果进行评价。进行记录和评价可以分析出教学目标是否达成。通过对教学评价结果和教学目标的对比,可以找出教学设计中的不足之处,帮助教师提高自身的教学内容设计水平,使其更加适合学生学习,由此也可以提高教师的教学质量和教学效果。具体来说,教师的教学效果主要通过以上的教学评价来进行考核。而对学生的学习效果考核来说,主要通过知识掌握和能力的提高,其中能力考核包括对思想政治素质、环境适应能力、学习创新能力等全方位的素质考核。

(三)抓住教改的着力点是教学设计的关键所在

1. 以选准理论教学案例为着力点

教学设计的关键在于通过一个准确的案例作为切入点进行授课。因为完成教学目标是教学策略的根本任务,一切教学活动都需要围绕实现教学目标而展开。而要想实现教学目标,就必须要通过教学设计来让学生感受到课程的趣味,从而开始将注意力都集中在课堂中来。在高职院校的思想政治教学当中也是如此。一个关键的切入点是打开学生兴趣大门的钥匙,可以让学生在高职院校的思想政治课程当中获得好奇心,不断去发现和探究。所以在高职院校思想政治教学当中,找准切入点应该尽量将课程当天的内容和这个实际案例相结合,才能激发起学生的学习热情。只有先从感性方面来带动学生的情绪,才能够引导学生进行理性分析,升华到对理论的理解。

2. 以创新实践教学模式为着力点

为了能够更加突出高职院校的思想政治教学设计的职业性特征,在高校思想政治教育当中,教学方式主要以创新实践教学模式为出发点。创新的教学模式要求高职院校思想政治理论课不仅注重课程的知识,同时更加重视学生的认知方式和道德品质,以及在高职院校学生实习中需要具备的能力。所以在创新实践教学模式中,需要以思政教材内容为理论,结合学生的专业知识,进行实践教学的实施,让学生将知识和行为统一起来,全面提高学生的整体素质。

3. 以打造网络教学平台为着力点

想要突出教学设计的信息化特征就必须要着力于网络教学平台的打造。高职院校的思想政治理论课程的意识形态有着很强的灌输性,并且教学内容总是根据政策的不同而变化。这一点很符合目前 95 后学生的思维认知特点。由于目前的高职院校学生都已经将日常生活融入移动互联网,所以在与这些学生进行交流和授课时,要注意如何以云课堂这样的网络信息教育平台为辅助手段,让学生更好地融入思想政治教学中。一方面,网络云课堂可以对课本内的思想政治理论进行延伸,可以联系实际进行探讨;另一方面,通过这样的教学方式可以增加对学生的了解,能更好地对其进行思想政治教育。利用这样的辅助教育手段,还能改变以往传统教学模式中的一些弊端。

第五节　高职思想政治理论课教学实效性评价体系

一、高职思政课教学实效性评价体系的地位和作用

（一）高职思政课教学实效性评价体系的地位

1.高职思政课教学实效性评价体系的目标

相对于个体品德发展测评，思想品德和马克思理论教学效果是目前我国思政教学中的唯一考核评价体系。考核评价体系的唯一性，也让其局限于学生个体德育的评价，具有单一性的缺陷。所以随着思想政治教育的发展，高校在评价体系中不断增加新的内容和新的因素。在评价过程中不断对课堂教学进行检测来方便对实现教学质量进行分析，让教师通过实时的反馈不断加深教学改进。通过完善的评价体系，激发学生的积极行为，同时帮助教师更客观地了解学生的品德情况。

为了提高高职思政课教学的实践性和实效性，达到高职思想政治教学的直接目标，我国众多高职院校纷纷建立起了这样的评价体系。从根本上来说，高职思政课教学评价体系的建立是真正为社会主义建设培养思想高尚、政治意识坚定、道德品质优良的优秀人才。因此在评价体系的构建过程中，各个教育工作者也在不断探究，对教学效果评价体系进行丰富，在不断完善的过程中加深思想政治教育教学改革，从而加速思政课的建设，对思政课的实效性进行强化，解决我国高校在开展思想政治课程教学中出现的问题。

2.高职思政课教学实效性评价体系的主要内容

以目前高职院校思政课教学的情况，在实效性评价的内容制定标准中主要是通过对思政课教学目标进行参考来决定。因为教学目标包含了很多方面，所以在教师进行实效性评价时也是需要考虑很多种因素，其中包含很多内容。具体来说有以下三点：

第一点是在学生掌握的知识层面上进行评价，例如：理论学习情

况、技术学习情况等具体内容。

第二点是对学生实践能力以及专业技能方面进行实效性评价。

第三点是对学生的情感认知态度和道德行为进行评价。

3.高职思政课实效性评价体系的地位

关于高职思政课实效性评价,国务院联合中央办公厅在 2015 年就出台了相关政策,明确了实效性评价的地位,明确了实效性评价对于全面贯彻和落实党的十八大精神有着重要理论指向性作用。国务院对于如何开展高校思政课实效性评价也给出了具体的意见。

意见中提出了高校的教学重点,一方面是要传授专业知识,另一方面则是要让学生形成以马克思主义为理论指导、拥护社会主义核心的价值观和社会观,让学生既具备科学技术研发的精神,也具备社会主义现代化建设的正确政治观和价值观。高校思政课是培养学生形成良好品格的关键,也是宣扬社会主义价值观的主要途径之一,所以国务院在意见中指出,高校需要重视思政教育的发展和思政教育的改革。想要对高校思想政治课进行彻底的改革,让高校思政教育焕然一新,就需要高校全面配合,在每个环节上都尽全力去努力。除了师资配备上要加强外,还要加强对教师内部的人才培养、人才建设,只有构建好专业素养的人才,教师才能在教学当中,通过探究和钻研来实现实效性评价,保证做出具有完整性的评价机制。高校要通过不断坚持跟随评价和人才储备建设结合在一起的改革发展趋势,这样才能够指引高校思想政治教育的发展方向。

构建思政课教学实效性评价体系,一方面能够丰富高校思想政治理论课的建设,另一方面也是加强和推进思想政治理论创新的教学手段。

（二）高职思政课教学实效性评价体系的作用

1.是衡量高职思政课实效性程度的重要指标

思政课教学实效性评价是为了更好地达成教学目标,而是否全部实现和高效完成教学目标,需要通过教学考核来反映。这也是教学实效性评价成为高校思想政治教学中的首要组成部分的原因。科学构建评价体系是发展教学实效性评价的关键。教学实效性评价直接影响着教师教学效果的作用,也影响着学生的心理状态和对学科的接受程度。所以在不断地构建实效性评价体系的过程中,教师要考虑到多种因素,力求最全面客观地对学生进行评价,而且教学评价是从教学开始到教学结束后整个过程的评价,而不是单一的评价。通过这样全面和客观的教学评价,教师能够从中得到教学反馈,对自己的教学方法进行改变,促使高校思政教学方法和教学效果更加全面。而对学生来说,一个客观全面的评价可以让学生找到自己身上存在的问题,包括学习上的盲点,从而进行针对性的改进,为学生学习的进步和品德的完善起到指向性作用。

思政课教学实效性评价体系有着很强的可行性和科学性,所以可以促使教学效果更加数据化和清晰化,规范高校思想政治教育;也为学生的学习提供一个量化的目标。帮助学生确立更加清晰可实行的目标。教学的实效性通过教学评价来具体加强,全面地适应教师的教学需求,以及学生的学习需求。

2.是科学开展高校思政课教学工作的基本环节

大学生思政教育工作由高校思政课程和日常思政实践教学活动两部分构成。在大学生思政教育工作中,核心内容当然是思政课,高校思政课是对大学生进行思政教育工作的主阵地。高校思政课促使学生从意识上对思想政治道德水平进行加强,进而开展思政实践。尤其是在如今我国的传统文化被西方文化冲击的时代中,高校思想政治教育就变得更加重要。要想让学生继承优秀的传统文化的同时学会在传统的文化当中进行创新,就需要不断对教育进行时代性的融合和创新,结合传统文化对学生进行教育。虽然在目前来说,开展思政教育时会出现很多困境和难题,但是这也是高校思政教育发展的必经阶段。高校思政教育要想发展,就必须要克服这些难题和困境,不断将外界的困难进行弱化,强化自身的理论性和实用性进行教学。在教学当中,要时刻注意世界经济的格局,以及我国目前所处的经济社会发展势头,充分结合时代的发展需求对学生进行思想政治教育,帮助学生在生活中屏蔽那些偏执的价值观、不良信息和错误舆论,形成正确的政治观,有着积极的品格来面对一切阻碍,用满腔热情为社会主义现代化建设奉献出自己的力量。

现阶段我国的思想政治课评价标准是体现教学效果的重要一环。在目前的教学实效性评价体系当中,大部分评价标准制定都是以具体的数据指标来具体构建的,这充分反映了教学课程前、中、后期的效果以及学生的反应,有利于全方位评定教师的教学质量。同时也有利于掌握学生的实际学习情况,让学生注意到学习难点和学习的要点,从而改善学习方法和学习态度,学会有效地进行学习。

3.是促进思政课改革和建设,增强思政课教学效果的重要手段

信息时代下,经济的发展更加迅速,知识的更新也越来越快,所以在这样的形势之下,社会和国家都越来越需要全面的人才。而要想国家具备这么多的全面发展的人才,就需要通过教育来实现。教育的最终目的就是培养人才,同样人才是需要经过教育才能形成的。如今社会需求的人才越来越注重德智体美劳的全面发展,就是为了保证人们能够在经济信息都迅速更迭的时代中,还具有清醒的认知和坚定的政治思想和道德品质。所以无论是高职院校还是普通高校都在着重培养学生的思想政治理论,帮助学生在校园内了解社会,适应时代发展,形成积极、健康的阳光品格,具备专业的知识技术,符合社会对人才的标准。

因此,由上述论证可知,高校思想政治教育的最终目的是提高大学生的道德素质和政治思想观念,为社会培养出全面发展的人才。教学目标和教学方法都是在为教学目的服务。所以,高校思想政治教育在人才全面发展的培养道路上越来越重要,教学改革也在逐步深入,高校开始逐步通过思政课程的创新和提高,来培养学生的思想道德水平和政治修养,帮助学生提高综合素质。而在具体的教学过程中,评价结果体系的创立就是高校思想政治教育的一个进步,这样的评价结果体系可以让学生充分正视自己的不足,学会用辩证的思想思考问题及处理问题。在充分了解了思想政治教育的理念之后,就可以全身心积极投

入思政课的学习之中，真正做到将思想政治教育理论付诸行动。而教师也在不断创新教学评价体系当中，逐步了解学生的需求，提高自己的教学水平以及教学效果。

二、高职思政课教学评价存在的现实问题

高职思政课的教学评价虽然已经逐步全面发展，但是以下一些在教学过程中出现的问题仍需要及时改进。

（一）评价目的不明确

思政课在高校中开展的目的一直都是很明确的。但是在评价体系中，会出现不能够做出明确评价的问题。在教学当中，一些教师还是将理论知识的学习评价作为终极评价，这使阶段性考核失去了意义。在很多高校的思想政治课程评价当中都会出现这样的问题。因为理论性考核占太多比例，考试成绩，并不能真正考核是否实现了教育目标。正是因为教师过于重视理论学习，所以在教学当中偏重于理论讲解和传统教学模式教学，架空了理论，不联系实际，就不能带动学生的思考，由此也就不能让学生学会感知理论的来源，不能带着对理论的感知去思考实际问题，学生难以获得分析问题和解决问题的正确观点和能力。所以在这样的考核当中，只通过期末的考试成绩加上平时课堂的考勤考察来整体考核，这对学生来说并不能达到很好的知识学习作用。尤其是在思想政治课的学习上，主要目的是培养学生实际生活中的良好观念和道德素养，这一切都建立在理论联系实际的基础上，而教师过分强调成绩和理论上的掌握，就忽略了学生真正理解的程度。只注重表面上呈现出的理论考点，学生对思想政治教育课的认识也就停留在死记硬背的冰冷知识点中。这样的考核缺少了学生掌握知识后的客观分析，也缺少了教师与学生通过思想碰撞产生的共鸣和对学生整体行为和思想的渗透。此外，这样的机械化考核对于评价体系的丰富和完善极为不利。

（二）评价方法不科学

当今的评价方法虽然是大量教育工作者和教育研究人员通过探索

制定出来的,但是随着时代的进步和社会的发展,在思政教学评价体系当中仍然有不科学的地方存在。下面就从目前比较常用的教学评价体系方法说起:

问卷调查法很难保证评价结果的真实性和客观性。因为从实施上,它只是通过提出具体的题目来对学生和教师进行调查。这样的书面形式虽然有利于收集数据,但是通过长期的调查会发现,这样的调查数据很难保证调查人在填写时认真思考过,主观性不强,得到的数据也就没有很大意义。座谈法就是调查者与受访者面对面的形式,这样的信息调查更加真实,但是因为这样面对面的调查只能够涉及一小部分人群,不具有广泛性和总结性,过于片面的结果不利于教学评价体系的整体制定。量化评价法是通过考试成绩来判定思政课程的教学效果。这是在教学当中常用的评价体系,也就是上文中说的弊端很大但是又很普及的调查方法。成绩必然是检验学生学习情况的一种方法,但是因为思政课教学的特殊性,这样的最终评价方法太过单一,不能彻底检查出教学目的最终有没有实现。只通过分数,难以帮助学生树立正确的政治信念、理想,难以使学生在生活中形成正确的分析问题和解决问题的能力。以上三种方法是评价体系中最重要的三种,也是最能全面评价教学效果的三种方法,但是上述所说的问题还是需要一步一步来解决,这样才能够让评价更加科学,也有利于教学目的的全面实现。

(三)评价指标不完善

根据教学目标的设定,确定出的教学评价参数就是教学评价指标。教学评价指标包括两种:定性评价指标和定量评价指标。定性评价指标是指在评价授课教师是否称职时,会根据定性评价给出三个选项:非常称职、基本称职、不称职。而定量评价的指标基本是用打分来制定。例如就上述教师授课是否称职的调查,定量指标就要设定每个阶段的分值区间。例如设定 60 分以下不合格,60 分合格,60—70 分良好,70—80 分较好,80—90 分优秀,90 分以上非常优秀这样的标准,让学生进行打分。

定性评价指标的特点在于化复杂为简单,问题描述较为抽象,具有很强的概括性。其缺点在于定性指标评价过于主观，没办法完全客观评价教学效果。而对于定量评价指标来说，有具体的量化让人更加直观，在评分时会更加有参照可依据，在评定上数据更加精准，更具有科学性。但是因为这样的调查往往有一定的主观因素存在，所以会出现一些偏差，这就要求利用适合的教学评价指标来评定。

（四）评价主体不权威

思想政治课程教学评价体系要想真正在主观判断中保持公平和公正，方方面面都要严谨。首先，需要教师具有高效娴熟的工作能力，具有良好的专业素养和理论知识。其次，要在充分了解和掌握高校思政课的教学目标基础上，合理制定科学的评价体系方法。再次，通过与学生交流，获得和了解学生的需求和感知。最后，教师需要有刚正不阿的思想觉悟，严格按照评定标准数据来对学生进行评定。不能因为人情关系导致教学评价没有了作用，这会不利于教师和学生的进步提升。

三、高职思想政治理论课教学实效性的科学评价

高职思想政治理论课教学评价体系的构建对促进思想政治理论课新方案的全面落实非常有利。同时也对保证思想政治理论课教学的社会主义方向性有着很大影响。

（一）知识传授效果的评价

首先，在知识传授的过程中，高职思想政治理论课教学的实效性通过教学组织就可以表现出来。要想在高职思想政治课堂上成功组织教学，就需要让学生接受马克思主义的理论指导，让学生有主动性，自己积极投入进去。这样才能有效组织并推进接下来的课程。如果学生主观上不愿意去接受马克思主义的理论指导，教学组织就无法有效开展。因此教师在传授知识的过程中，首先要让学生接受教师的理论传授。从主观上接受教师的理论传授，并且愿意积极主动让教师代入教学情境，组织教学，让思政教学课堂的高效性显现出来，是达成思想政治理论课教学目的的基础。所以提高思想政治理论课教学的实效性至关重要，只有提高思想政治教学的时效性，才能够达成最终的教育目的。所

以在教学当中,教师需要不断找寻更适合学生的教学方式,在课堂中不能一概纸上谈兵,空洞地讲解理论,却不联系任何生活中的实际事例,让学生感受不到思想政治教学的温度,也就是说思想政治教学如果一味地将自己束之高阁,不贴近学生的生活,也不联系实际,那么就等于作茧自缚,这样不接地气造成的后果就是学生不能融入课堂,对思想政治课程提不起兴趣,那么一节课的效果就无从谈起。所以在提高实效性上,这一点是必须要注意的。

要想让知识传授有效果,丰富的教学内容是必不可少的。站在思想政治教育课程的专业角度来说,教育内容的丰富和稳定都是相对的,教育内容的主旨是不变的,但是教育内容是随着社会国家的发展变化而变化的。只有有着明确的主旨和符合时代变化的内容,才能让学生产生共鸣,才可以从评价上来谈教学效果的好坏。在不能引起共鸣的教学课堂上谈教学评价和教学效果是荒谬的。但是这不代表教学内容不需要稳定性,教学内容的稳定性在于思想政治教育的主旨永远都不会变,都要以马克思主义等理论为基准,来指导我们的日常行为和生活。这是永远不变的,改变的是我们随着时代的发展,会遇到的一些思想上形形色色的问题和实际情况,教师要做的是针对这些事件来帮助学生解决这些顾虑和迷茫,从而使其形成良好的道德品质和正确的政治观。

无论如何,想要思政教育在高校当中获得实效性的提高,都离不开教学内容的施展,而教学内容的施展就需要看教学教材是否能够满足学生的需求。教师在授课当中,也要针对每个专业的学生的不同需求,来调整教材的顺序或者是一些课程,因材施教才能达到最好的效果。一味地跟着教材来授课,不去查看学生的具体情况,教学实效性必然不会得到提高。

（二）能力培养效果的评价

高职思想政治理论课的教学目的,一方面要帮助学生通过掌握思想政治的理论知识,学会如何去思考问题和分析问题;另一方面是要帮助学生获得更多知识的方法,也就是如何能够学会自己运用适合的方法来学习或者生活。

思想政治理论课教学必须要将眼光放长远，它远远不止是一门传统的知识学科，而是学生人文素养和道德品质形成的关键课程，对学生研究问题、分析问题以及创新上的能力培养起着至关重要的作用。教师需要做的不仅仅是传授理论知识，更重要的是要在自己的鼓励之下，让学生对重大的理论问题分析变得更加清晰和客观，有着自己明确的思路和看法。这就改变了传统的只注重教会学生一个理论的弊端，现在教师主要重视的就是让学生学会自主学习，用创新的眼光来看待问题和解决问题。这样才能够真正达到思想政治教育理论传授的真谛，让学生真正变得有智慧，有立场，有较强的运用知识解决实际问题的能力。

（三）品德教育效果的评价

就思想政治教育的教育目的本质而言，无论传授知识还是对学生能力的培养，都是为学生的道德素养和学识增强服务的。

高职思想政治理论课教学的这种双重教学目的，就已经说明了高职思想政治教育不能重知识、轻实践，同时也不能有重视实践能力、轻视理论的现象。高职思政教育必须坚持将理论知识和实践能力并重的教育理念。在强调理论学习重要性的同时，重视联系实际，培养学生的实践能力。在实践教学当中，要教会学生学会运用党的四大基本原则解决实际问题；针对热点问题和当前时事，使学生学会站在正确的政治观上去看待时事，有自己坚决和鲜明的立场；要解决好教学中的根本发展问题，为培养坚定不移拥护党的政策、为社会主义现代化建设而奋斗的人才而努力。要想在高职思想政治理论课中同时培养学生的知识与技能，就需要在熟悉了解教材内容的基础上，根据学生的适应能力和需求，做出适当的顺序调整以及实践教学，这样才能够达成教育目的。不能完全根据教材内容按部就班地讲授，而不考虑学生的实际情况。在教学当中如果只是注重对教材内容的完全遵循，是不能够让学生感到满足的。所以在讲授课程时，教师也要注意如何去启发学生学会主动思考和学习，让学生在理论的学习中不断地寻找自身的不足并取得进步。

同很多学科一样,思想政治教育的教学目的不会是在教学后就能够马上实现的。想要培养学生的知识和技能,必须要经过教师长期的教育和启发。所以教师在教学过程中,包括在与学生进行交流时,都必须要有足够的耐心,要对学生有充分的关怀和了解。拉近师生关系才能亲近学生的生活,进一步掌握他们的思想状态,只有深入了解才能发挥出思想政治课程的作用。

四、对教师的思想政治理论课教学实效性的评价

教学实效性评价有两层考核。一方面是对教师和学生的评价考核,主要是对教师的考核,包括考核教师的专业素质、道德素质以及政治觉悟等,并在进一步的考核中考察教师的教学能力。方方面面的考察有助于提升思想政治教师整体的思想觉悟和专业教学能力。另一方面是考察教师的教学过程及效果等。现在对教师教学时效性评价和考核,大部分学校仍然采取传统的听课的方法。这样的评估方法确实可以直观体现教师的教学能力,但是这样的评估方式不够全面。一堂课的准备时间很多,仔细看教师的教学设计是评定教师考核的一个重要标准。

(一)教学过程评估

在教学过程设计的评估当中,评估教师首先应该注意的就是,授课教师是否在过程设计当中充分结合了教学目的,能不能够将传统的理论教学和生活实际联系起来,调动学生的积极性;教学思路是否严谨,是否具有实际意义;教学风格是不是能够和教学内容相匹配,能否启发学生进行自主学习。

(二)教学实施评估

评估教学实施的过程中,要注意教师是否在课堂中对自己讲述的理论课程有着充沛的精神,让人感到教师的自信和知识的全面。也就是教师的整个气场是否能够让学生受到吸引,或者是让学生感到受鼓舞。一个在课堂上有自信的教师,才能具备启发学生、带动学生学习积

极性的能力。如果对自己的讲授内容都不自信，给学生带来一种消极印象，不利于知识的讲授，更不利于让学生进行实践，那注定课堂是失败的。所以这一点至关重要，也是很关键的考核标准。除了是否自信外，还要注意教师在讲课当中的方式方法是否适合学生的需求；设计的案例和提出的问题是否能够对学生构成启发，适不适合学生，是否有好的效果。并且要注意教师提出的问题是否围绕教学内容提出的，是否能引出教学内容的重点。授课的每个细节都反映着教师对课堂教学设计的准备是否充足，也反映了教师是否充分了解学生的心理，是否对教材内容有全面的认知。只有能够提出合理的问题引出教学重点，并且对教学重点能够全面讲解出来的教师，才是符合评价标准的，也是可以达到教学效果的，可以促进学生成长的。

（三）教学内容评估

对教学内容的评价首先遵循的一点就是，必须要以教学大纲为基本。如果偏离大纲，那么一切努力都形同虚设。教学大纲是根本，教学内容的巧妙设定是进一步评估教师教学质量的依据。教师是否能够通过设计让教学内容引起学生的注意力是在教学内容评估中首先要考虑的。教师在教学内容的开展当中，是否将每个知识点都讲解得无差错，对理论的启发式假设是否有根据是教学内容评估的第二个重点。合理的假设是教师在充分了解教学内容的基础上才能够提出的，假设充分考验了教师对教学内容的理论知识掌握程度，是考核教师教学内容的重点。

（四）教学过程文化内涵评估

教学过程的评价要注意教师是否能够在教学当中对每个学生的提问或者观点，做到一视同仁地回答或交流。教师是否在教学当中具有亲和力，能够和学生形成良好的互动，是教师能否为学生传递文化素养的关键。

（五）教学效果评估

教学效果评价当中，教师能否让学生在思想政治课程上形成动态的理解体系，是评估教师教学效果的关键。无论思想政治教育还是其他学科，教育目标中都会有一条是培养学生自主学习，所以培养学生养成自主学习的能力，对知识有自我分析的能力，是评价教师教学效果的最直接因素。

五、对学生的思想政治理论课教学实效性的评价

对于高职院校学生来说，学生不仅要具备专业的知识技能，还要具备优秀的道德品质、正确的政治观和社会主义理想。而思想政治理论课教学实效性对学生的评价，就是为了培养学生成为当今社会需要的综合性人才。有一个完整的评价体系，才会让学生通过全面的评价进行对应改正，从而全面发展。

（一）认知水平、认同程度的评估

传统的知识理论讲授和传统的考核评价体系过于单一和死板，沿袭了数十年的以期末考试成绩定好坏的考核方法已经不能够适应现在全面培养学生的形势。成绩虽然是重要的评定标准，但不应该是唯一标准。具体的评定还是要看学生的认知水平和认同程度是否有所提高。

具体的做法应该是：首先，通过成绩来考核学生思想政治理论知识的掌握情况是无可厚非的。其次，需要通过学生对理论知识的掌握情况，让学生对实际问题通过理论进行具体分析，以此来考查学生是否能够将理论知识运用到实际问题的分析当中。最后，将学生日常的课堂表现进行统计，以此考核学生对待思想政治课程的情感态度是否端正。将这三点结合在一起，才能让学生的考核评价更具时效性。单单依靠成绩并不足以说明学生是否完全掌握了理论，能够真正运用理论去分析问题才说明学生对理论的掌握有了自己的深刻理解，能够融会贯通。

（二）学生实践行为的考核评价

学生实践行为的考核就是为了让学生在掌握理论知识的同时，升华到对实践能力的加强上。所以实践行为的考核也是思想政治考核评价中的一个重要组成部分。在实践行动中，可以充分观察学生的行为和思考方式是否符合思想政治理论，也能看出学生是否将对思想政治理论的学习融入自己的生活当中，是否能够付诸实践。

现在很多思想政治课程中，都有大学生在校期间实践考核表。表格里有很详细的栏目分类，内容包括来自学生自己、同学之间的评价，还包括班委评价以及辅导员和班主任等的评价，更加全面客观，也让学生可以全面认识自己，优点继续保持，缺点及时改正。鼓励学生在不断改进当中，养成良好的生活习惯，也形成良好的性格和生活能力、学习能力，有正确的价值观和未来积极的工作态度等。为了让学生更加重视这方面的考核，这些考核的成绩都会按照一定比重记入思想政治成绩的考核中。

在具体的表格考核设计中，可以多多邀请思想政治教师参与到表格的设计中来，因为这部分的考核评价在学生思想政治教育成绩中有很高的比重。并且思想政治教师对于一些专业的理论更加熟悉，所以要让教师之间进行团结协作，制订一个合适又全面的考核尺度和分值。目前来说，表格中的打分形式采用的是基本分加上一些项目的加分，与缺点的扣分组成的。直观易懂，也可以让考核者和被考核者都能简单明了地用"加分＋减分"的公式进行具体计算。

因为按照一般情况来讲，大部分学生处于一个比较居中的分段，偶尔有突出表现的才会有特别高的分值。大部分学生没有违规记录，也不会有特别杰出的贡献，所以居中的较多。教师可以在考核当中，针对处于居中分值的学生设置一个总体符合基本线的评分。然后在此基础上，针对超过这些居中分值的学生，在合格线的基础上加上对应的分值得出最后的分数。这样把每个学生的每项表现汇集起来，就可以得到学生实践行动最后的考核总分数。

新世纪的到来，社会的发展要求思想政治教育不断向前推进。近年来高校思想政治理论课根据新世纪的总要求不断进行改革，现在已经有了初步成就。在今后的教学过程中，改革和教学都要始终坚持适应社会发展的需求，合理改革教学体制，让学生得到全面发展。思想政治理论课教学实效性评价体系的完善逐步推进了高职院校思想政治理论课教学改革的步伐，对高职院校德育的管理有所加强，对学生的全面发展也起到了指导和修正作用。

第三章　高职思想政治教学改革与创新研究

在互联网＋教育的影响下,高职院校思想政治教学的改革和创新研究也有了更多的辅助手段,为高职院校思想政治教学的改革和创新提供了方便。在传统高职院校思想政治教学课堂中的局限性上有所突破,让学生的个性化自主学习能够更好地实现。

第一节　专业导向的高职思政课教学改革

一、基于专业导向的高职思政课教学改革的客观必然性

（一）基于专业导向的高职思政课教学改革的理论基础

1.育德和育才并进原理是专业导向的高职思政课教学改革的理论基础

习近平总书记在全国高校思想政治工作会议上强调:"高校思想政治工作关系高校培养什么样的人、如何培养人以及为谁培养人这个根本问题。要坚持把立德树人作为中心环节,把思想政治工作贯穿教育教学全过程,实现全程育人、全方位育人,努力开创我国高等教育事业发展新局面。"①高职院校的思政课与专业课的关系是既独立又统一的。从对立关系上来说,专业课和思想政治课的指向性不同,思政课更倾向于德育,专业课则更倾向培养高技能的人。从统一关系上来说,高技能的人才要想真正对社会有用,必须德才兼备,这就是全面育人的教育理

① 习近平:《把思想政治工作贯穿教育教学全过程开创我国高等教育事业发展新局面》,《人民日报》2016年12月9日,第1版。

念。因此,思想政治课应该充分挖掘专业的各种资源,对人才培养起价值引领的作用,协同共进,同向同行。这样对立统一的关系,促进了两个学科之间的发展,也促进了学生的全面发展。

2.坚持"以人为本",实行"因材施教"是基于专业导向的高职思政课教学改革的重要理论基础

以专业为基准,高职院校进行思想政治教育改革时,要坚持习近平总书记曾强调过的"以人为本"进行"因材施教"的方针。所以在高职院校思想政治课程的改革中,思政教师要始终在思想上认识到"以人为本"的重要性。也就是教师要充分站在学生的角度上来看待问题,注重在了解学生的心理需求和心理状况的基础上,对学生进行思想道德素质和职业素养上的培养。

以专业课为基准,就是贯彻落实"因材施教"教学思想。也就是说在高职院校的思想政治教学当中,教师必须要认识到高职院校学生的学习特性。根据专业人才目标和思政教学目标的计划,将两者目标结合起来,整合自己的教学方法,然后通过思政课的教学方法来对学生从专业课的引导,转为对思想政治教育的升华理论引导。这样才能够保证学生的全面发展,同时也能够在很大程度上改观学生对高职院校思想政治课程的看法,让他们积极投入到高职院校思想政治课程的学习中来,真正将思想政治理论课程作为人生路上的明灯,提升求知欲。学生在不断地与教师进行交流的基础上,开始根据思政教育理论进行问题的思考并行动。思政教育在教学当中也需要注意学生的差异性。要真正从每个学生的需求角度出发进行教育。尤其现在网络教育平台的出现,可以让教师随时了解每个学生的情况,所以这样的便利就可以发现学生的不同需求,有针对性地进行教育,促进个性化学习的发展。

(二)基于专业导向的高职思政课教学改革的现实需要

1.兴趣需要:激发学习兴趣、提高吸引力的迫切需要

高职院校思想政治教育如果想构建一个充满趣味、充满活力的课堂,就需要教师在引导和启发中做大量的准备工作。当然,充满趣味和活力的课堂能激发学生学习的主动性,也是高职院校思想政治教育达

成实效性的重要保证。教师如何做到这一点,是亟须解决的问题。

2.效果需要:提升高职思政课教学实效性的客观需要

目前高职院校思想政治课在学生心目中的地位是很一般的,学生还没有真正注意到思想政治课的重要性。这一方面和以往高校当中对高校思想政治课程的宣传和重视度不足有关,另一方面是因为,大多数教师在教学当中过于刻板单一地依照教材生搬照抄,导致教学模式僵化,不能被学生所喜爱。尤其在高职院校当中,这样的现象更加明显,因为学生的专业技术性非常强,都是偏重于行动能力的,只有高校思想政治教育课程是偏重理论的。对于习惯动手操作的学生来说,这种不能进行实际操作的思想理论课本身就枯燥乏味,又没有和专业进行联系,他们的主动学习性很差。这种现象之所以出现,就是因为教师在主观上没有意识到要转变自己的教学观念和思想意识,没有结合学生的需求,就导致了思政教学效果差。如果想要改变现在的思政教学现状,作为高职院校的思政教师,就需要从观念上进行改变,充分考虑到学生需求,将思政课程与其他专业课程关联起来教学,使学生在课堂中产生共鸣。

3.目标需要:实现高职专业人才培养目标的必然选择

马克思指出:"个人的全面发展就是使人们成为'各方面都有能力的人,即能通晓整个生产系统的人'……使他们能够根据社会需要或他们自己的爱好,轮流从一个生产部门转到另一个生产部门。"①培养全面发展的学生是高职教育的目标。目前社会上有两种不正确的教育倾向。一种就是在教育当中,很多人特别重视学历水平,忽略了对工作能力的培养。另一种教育特别重视对能力的培养,却不重视知识的学习。这两种观点都不准确,导致学生发展不够全面,不符合我国高校人才培养的教育目标。高职专业人才培养的目标是培养拥护党的基本路线的,适应生产、建设、管理、服务第一线需要的,德、智、体、美等方面全面发展的高等技术应用型专门人才。

---

① 《马克思恩格斯全集》(第1卷),人民出版社1971年版,第243页。

二、基于专业导向的高职思政课教学改革的路径

（一）以专业为导向，形成高职思政课教学改革共识

改变传统的思想政治教学观念，形成以学生需求和专业为导向的教学观念是高职院校思想政治发展的前提。所以高职院校的思想政治教师必须明确以下问题：第一，要用辩证法合理看待高职思政课与专业课之间的相互对立统一发展的关系，不能只偏重一方，而忽略了另一方，协同发展才是最重要的。第二，要非常注重将思想政治教学课程和专业课程进行内容之间的管理，这样才能让学生认识到思想政治教学的指导意义，才能进行主动学习。第三，要在了解学生需求的基础上，对思想政治教学进行创新，不能单纯地以教材为大纲，枯燥地灌输知识点，课堂变得灵活生动才可以得到广大学生的喜爱。要根据学生的专业来进行差异化教学，这样才能促进个性化学习的发展，这也是思想政治教学改革实现教学目的的重要手段。

（二）以专业为导向，整合高职思政课教学内容资源

高职思政课教学改革的关键是以专业为导向，来进行教学内容的整理和合并。想要做到合理的合并和整理，高职院校思想政治教师必须以提升学生的综合素质为中心进行教学方案上的整理和设计。并且在思想政治教学改革的基础上，时刻注意将教学内容和专业职业发展相结合，让学生拥有职业意识，培养职业精神。具体做法是，高职院校思政课教师要在目前的思政教材内容基础上，将教材内容和学生的专业结合起来，制定综合的培养目标，以综合素质的培养为向导，满足各个专业学生对思想政治教学内容的需求。

（三）以专业为导向，改变高职思政课实践教学方式

高职院校学生思政课学习的有效方法是将理论与实际联系起来。实践教学是帮助学生将思政理论与实际和专业相联系的最好方式。教师可以开展众多的公益行动，或根据专业进行思政教学活动，加强学生的实践以满足学生的需求，进而从理论走向实践。

（四）以专业为导向，提升高职思政课师资队伍素养

在教师师资队伍建设上，院校和教师都必须不断进步。教师应不断加强互联网教学模式和传统教学模式的融合，将自身的教学方式进行改变，站在学生的角度思考教学模式的发展和改变，坚持以学生专业为导向来进行教学设计。

第二节　职业核心能力培养导向的高职思政课教学改革

一、高职生职业核心能力欠缺的主要表现及原因分析

1998 年，我国原劳动和社会保障部把职业核心能力分为与人交流、数字应用、信息处理、与人合作、解决问题、自我学习、创新革新、外语应用八项内容，并细化了这八项职业核心能力的具体指标。

职业核心能力是指在人们工作和生活中除专业岗位能力之外取得成功所必需的基本能力，它可以让人自信和成功地展示自己，并根据具体情况选择和应用。这种基本能力对各种职业都适用，适应各种岗位变化的需求。也就是说，职业核心能力是人们可以持续发展的能力。

（一）高职生职业核心能力欠缺的主要表现

现在，一些高职院校专业培养技术人才，片面强调学生的"实践能力""动手能力"，学生的职业技能虽然有不同程度的提高，但学生能力水平的单一问题和职业核心能力的低下问题仍然存在。不少高职生都是独生子女，由于他们从小在家中地位的唯一性，导致很多学生普遍以个人为中心，缺乏团队协作意识和能力。而学生经历较单一，社会经验往往不足，在与人交流和沟通方面也暴露出较多弱点，况且他们还没有养成良好的学习习惯与自我学习能力。高职生其他几项职业核心能力，如解决问题、信息处理和创新能力等，也亟须提高。

（二）高职生职业核心能力欠缺的原因分析

高职院校学生职业核心能力欠缺有很多方面的原因，不仅仅有家

庭因素和个人因素的影响,也有社会因素和学校因素的影响。从学校教育的因素上来看,高职院校的教育管理、教育制度设计不够合理。人才培养方案设计过于单一,而对于一些人才培养设计得很好的学校来说,实施力度和组织教师进行教学设计的力度却过小,这也会导致学生的职业核心能力不足。从教师教学内容上来说,无论思想政治教育课程还是其他课程的教学都过于片面化和单一化。教师始终没有真正将课堂做到以学生为中心,学生在课堂当中扮演的角色还是倾听者和接受者。太过于被动的教学方式势必影响学生核心职业能力的形成。实践活动教学的不足也是高职院校学生的核心职业能力不够的一个原因。所以如果想从根本上解决这一问题,需要学校方面尤其教师方面做出很多努力。

无论思想政治教育还是其他专业课,改革的重心都必须以学生专业技能和知识的掌握为中心。而目前来说,学校教师不够了解这两点,在教学当中比较盲目,所以不知道学生的学习效果如何,不利于学生职业核心能力的形成。如果想要改变这种情况,高校工作者和教师必须改变现在教学观念模糊和教学管理松散的现状,要正视培养学生良好的核心职业能力的问题。

二、高职思政课渗透职业核心能力培养的改革策略

高校要培养高职院校学生的职业核心能力,就要在教学和管理当中,让学生从自身成长与专业发展的角度进行自我学习。而让学生完成这一观念的转变,主要还需借助思政课课堂的教学。要想通过高职院校思政课对学生职业核心能力进行渗透,需要做到以下几点:

(一)思政教师以身作则,锤炼自身职业核心能力

教师是高校在教学培养中帮助学生形成职业核心能力的关键。而提高学生的职业核心能力,就必须要在教师的努力之下,推进教学改革。教师组成的优秀团队是思想政治教育改革发展的前提保障,也是进行思想政治教育与提升学生职业核心能力的最大后盾。所以在培养学生的职业核心能力时,要充分把握好职业核心能力的概念,不断地根

据教材内容进行引导,让学生循序渐进地提升自己的职业核心能力。而推进职业为导向的思想政治改革进程,必须要对教师队伍进行培训,提升教师的专业知识。此外,还要通过教育和会议,不断明确教师的角色定位,让教师时刻注意自己的责任和义务。

(二)明确教学目标,融入职业核心能力精髓

培养职业核心能力和平时的理论知识教学是不一样的。它和一般的知识教学的不同点在于,职业核心能力的教学目标不是掌握这个能力,而是要全面发展学生的每个方面,让学生获得可持续发展的能力。这就需要思政课教师在教学中注意很多细节,而且要做很多理论联系实际和教学实践的准备。

以职业核心能力为中心的教学模式,不是在高职思政课上只注重对学生职业核心能力的培养,而放弃或者是将思想政治理论作为辅助进行学习。这样的教学需要坚持思想政治导向和职业核心能力导向并重,进而让学生全面发展。也就是说,高职思政课改革要在坚持思想政治导向的基础上,突出职业导向。

(三)整合教学内容,渗透职业核心能力培养

和专业课相比,高职院校的思政课程理论性非常强,操作和实践性又非常弱。所以在思想政治课程教学中,思政教师需要根据高职思政教育的性质、特点和发展要求来进行教学内容的设计和教学策略的设计。高校思政教师在改革教学中,需要把知识、学生的认知特点、需求和社会生活的实际都考虑到,结合思政知识和职业特点进行教学,以此来提高学生的职业核心能力。在教学实践当中,思政教师可以多开展一些讨论和辩论会,或者在网络课堂当中开展一些话题的讨论,调动大家的发言积极性,让学生参与进来,多与学生进行思想碰撞,不断增强学生的人际沟通能力和逻辑思维能力等。这可以提升学生行动能力和知识能力之外的不同技能,为培养和形成职业核心能力而做准备。在一些讨论中,很多教师为找不到话题而烦恼,其实这些教师忽略了一点,就是学生对于网络热点话题的熟悉和好奇心。所以教师在开展话题讨论的时候,一定要多在网上寻找一些热点话题和学生比较喜欢的

话题。如果教师还不确定学生喜欢什么样的话题，对什么样的话题感兴趣，完全可以让学生自己来找话题，然后教师参与到学生的讨论之中，这样更能够调动学生的积极性，同时增强了学生独立分析问题的能力。

（四）丰富教学方式，适于职业核心能力训练

颠覆教师以往的教学模式，构建新型的、以学生为主体的教学模式已经是改革教学的大势所趋。在建立起适合学生认知特点和心理需求的教学模式前，教师应该首先对学生的认知特点和心理需求做个充分详细的了解。要充分运用网络平台的作用，加强与学生的沟通。除此之外，教师如果想要将教学目标按照当今社会的需要和核心职业能力的养成来定位，那么就必须增强网络平台教学的作用，实现以学生为中心的教学方法。虽然以学生为中心的教学方式会在前期给教师增加很多工作量，但是一旦适应了，就会发现这样的教学方式是实现教学效果的最高效捷径。而且在长时间的使用过程中，学生越是提高自主学习能力，教师在教学当中就会越轻松。

（五）改革评价体系，激励职业核心能力养成

形成性评价方式改变了之前的一张考卷决定学习成绩的笼统性评价方式。在高职院校思想政治教学当中，形成性评价的加入，让学生的学习效果能更充分地体现，也有利于学生在学习当中不断改进自己的行为和学习方法。在这样的形成性评价和总结性评价的结合当中，高职院校的思政课教师和辅导员等，对学生的学习情况有一个更详细的了解，包括对学生学习态度和学习习惯形成的了解。形成性评价的加入还有利于学生提高自己的核心职业能力和思想政治素养，以及道德素养等能力。

第三节　基于网络教学平台的高职思政课教学改革

一、思政课网络教学与课堂教学的关系

（一）从教师授课的情境

课堂授课是教育在漫长发展中形成并保留下来的一种教学模式。在这种传统课堂授课模式下，教师根据教学目的和教材内容进行课堂授课。而随着网络信息时代的发展，人们开始意识到现在的教育只依靠传统的课堂授课模式不足以培养社会需要的全面人才。教育要跟随着社会信息化的进程进行改革。高职院校的思想政治教育改革也不例外。在思想政治理论课教学当中，充分利用网络教学的辅助手段，来让课堂教学变得更加丰富、更加具有吸引力是网络课堂教学的重要意义。

（二）从学生的自主性学习情境

以网络教学为辅，课堂教学为主的教学方法逐渐培养了学生的自主学习能力。在学生逐渐形成自主学习能力后，课堂教学的主要模式就不再是单一的课堂授课。网络教学和网络课堂也成了学生学习的主要模式。学生可以通过网络进行自主学习，通过视频来复习教师课堂上的讲解，也可以通过网络学习平台与教师进行问题的沟通和探讨。在网络学习中，学生不断学会自己合理安排学习时间来学习课程，自我约束能力和学习能力都在不断强化。很多学生在通过网络进行学习后，还会自主拓展课外知识，对很多专业知识有更深一步的理解，有利于自身的全面发展。

二、基于网络教学平台的思政课教学改革的着眼点

在通过网络教学平台进行思想政治理论课改革时，所有高校管理者和工作者都需要明白改革的基本目标是什么。只有明确改革的教育目标，才能在实践中有思路规划，具体去实施各种行动。网络教学平台

的思想政治理论课程改革,不只是增加一个网络教学形式这样简单,而是需要将网络教学和传统教学模式融合在一起,实现教育目的。

(一)推动教材体系向优质教学体系的转化

无论网络教学还是传统教学,教师的教学必然是以教材内容为主的,而学生的学习也需要在教师制订的学习范围内。虽然教师的教学内容必须要以教材为主,但是不代表教师只是一味地讲授教材课程,没有任何理论上的延伸和实践教学活动。学生的学习也不只是简单地学习书本上的内容,而是要学习到思考的方法,得到全面发展。

1.设置专题教学,丰富教学内容

为了让学生更容易接受,思想政治理论课从教材内容的单一性过渡到现在倡导的将教学转化为整个教学体系,教育工作者需要做出很多努力。以往,直接将教材内容照搬到课堂中来,教学效果经常不能令人满意。所以在教学当中,尤其是在思想政治课中,教师应该时刻注意将教学内容转化为一个有趣的、对学生充满调动性的教学体系,让学生主动积极地投入学习中,与教师展开互动,一起去探究专业知识中的理论和概念,并主动思考通过理论解决问题的实践活动。

每节课教学目的不同,就需要教师在备课时下一番工夫。在备课时,必须确定好要讲授的思想政治理论课的主要内容。如何通过学生喜欢和好奇的点引入教学内容,如何设计教学过程能够让学生广泛参与并获得教学内容的理论知识是授课重点。

2.了解学生的预存立场,及时完成教学评价与反馈

想要不断提高高职院校思想政治理论课的教学效果,就需要在教学当中注意内容和方法。首先,教师要明确教与学的关系。问题的关键是如何教才能让学生产生共同的认知感,进而促进学生主动"学"。只有将教和学融合在一起,才能全面培养学生的思想政治能力,这也是高职院校思想政治教育改革的重点目标。其次,教师需要在明确教与学的关系后,了解清楚现在高职院校学生的认知和思想,知道学生在想什么,有着什么样的倾向性。这就需要教师不但要善于启发学生进行学习,还需要善于与学生进行沟通,能确认教学的方向。曾经因为高职

院校思想政治课的课程少,内容多,而且班级人数多,所以教师与学生的交流不是很方便。而有了网络教学平台后,教师和学生可以随时沟通。同时,翻转课堂采用课前、课中、课后的网络模式,教师通过网络教育不断对学生进行指导和答疑,也让学生更加了解自己的学习任务。这样就形成了高职院校思想政治教育学习的闭环,让学生从行动中感受到理论认知,再从理论认知上升到实际行动。这样的反复就促进了高职院校思想政治教育的发展。

通过网络教学平台,教师不仅能够了解学生的心理动态和认知程度,还可以组织学生在课后对知识进行巩固,为学生总结课中重点,让学生对高职院校思想政治课的把握更加清晰和明朗。网络平台教学有利于提高学生的期末成绩,也非常适合学生充分理解思想政治教学理论。

(二)推动知识体系向信仰体系的转化

思想政治理论课不仅具有一般社会科学的知识性,还具备很多社会科学不具备的价值。高职院校的思想政治理论课是非常重要的,在每个时期的中国,包括其他国家,都需要有人对学生进行教育,培养他们形成全面的能力。在高职院校的思想政治教学当中,必须以实现共产主义为共同理想。高职院校的思想政治理论课,就是要以马克思、列宁主义理论为主旨,建设好中国特色社会主义理论体系的同时,促进提高学生的爱国热情,让学生领会我国 56 个民族的不同生活习惯和文化习俗,让生活变得更加多姿多彩,对高职院校的思想政治生活有个新的认知。

1.随时发布网络关注的焦点信息,给学生提供价值判断的真实事例

网络教学平台的出现,让学生拓宽了获取专业研究成果信息与专业知识的渠道。众所周知,目前的网络环境充斥着大量的不良信息,由于学生认知能力不够强,容易听信一些偏激和具有诱导性的不良新闻,导致他们产生不良思想或者行为。而网络教学平台为学生提供了一个安全的网络学习空间和交友空间。在网络教学平台中,学生一方面可以看到有关时事的最新资讯,另一方面可以获得专业正确的知识内容。

尤其针对高职院校的思想政治教育来说,网络教育平台提供给大家一个可以互相分享互相讨论的平台,让学生不再受到不良网络的影响。比如之前出现的"精日"分子,或者是出现的歪曲人民英雄的情况,这样的现象很不利于学生的身心发展。所以网络教学平台也是在为学生提供良好的学习环境和认知环境。

2.及时引导,情理共行,助推学生知识体系向信仰体系转化

在高职院校的思想政治理论课上,要想让学生将所学的马克思列宁主义、中国特色社会主义理论等理论思想,从理论的知识体系转化为自己的行动信仰,需要教师在教学当中进行逐步引导。建设中国特色社会主义共同理想,要让学生在了解理论思想的基础上,从情感上产生认同感,为中国特色社会主义建设做出自己的贡献。这样的转变是需要教师通过网络平台交流的便捷性和课堂上的不断引导逐渐建立的。

高职院校的思想政治理论课作为一门既具有知识性,又具有价值性的学科,教学目的不仅仅在于培养学生的理论知识,还要培养学生形成良好的道德品质和正确的信仰。所以在教学当中,既要做到知识理论的全面贯彻,也要做到让理论转化为实践,培养学生形成良好的社会责任感。高职院校的思想政治教育对学生的思想发展和未来的职业生涯有着很深远的影响。高职院校的思想政治教育就像是一座灯塔,为迷茫和憧憬未来的学生照亮人生的路途,让他们可以找到自己的方向,勇敢前行。

三、运用网络教学平台推动思政课教学改革

随着高职院校思想政治教育改革的不断深入,教育工作者就什么样的教学课堂能够更加让思想政治教学凸显出自己的意义、实现教育目的展开了激烈的讨论。有的教师认为以传统教学为主才是最好的,有的教师则开始偏重网络教学,而大部分教师还是认为,好的教学模式并不是教师觉得好就好,也不是完全以学生的喜好为标准。最好的教学模式应该是既能够有利于教材内容的讲解,又注重学生发展的需求。无论传统教学模式还是翻转课堂,教师的目的都是达到最好的教学效

果。所以,只要教师和学生两者都考虑到,能够将教学效果发挥到最好,就是最好的教学模式。

学生的发展离不开教师的指导,学生的发展方向在一定程度上依靠教师的规划。所以不能只依赖于学生的想法,教师作为课堂的引导者,要在教学上吸引学生的注意力,进而对学生进行培养,而不是一味地配合学生来完成教学。而对于教师来说,虽然教师是学生学习和课堂教学的引导者,但是在展开教学时,教师必须要根据学生的认知能力和感兴趣的地方来进行教学模式的改革,从而达到培养目的。

第四节　现代学徒制下的高职思政课教学体系构建

一、现代学徒制下的课程思政内涵

(一)现代学徒制的特征

2014年,教育部颁发了《教育部关于开展现代学徒制试点工作的意见》,全国多个示范职业院校开始推广现代学徒制。这样的举措让越来越多的人开始关心职业教育的发展,得到了企业和职业院校以及社会各界的大力支持。如今越来越多的企业和职业院校开始尝试联手创办专业,实行以企业和职业院校双主体的中国特色现代学徒制的职业教育。从2015年开始,这一举措取得了良好的效果。全国数百家高职院校积极响应,各地企业也纷纷加入学徒制的试验点中。着力构建现代学徒制培养体系,职业教育人才培养模式发展的新方向逐步形成。

现代学徒制同传统学徒制不同。现代学徒制突破了传统的高职教育模式,注重将生产和教学二者融合在一起。鼓励校企合作,主张让企业和学校联合招聘教师,招收生源,更主张由企业经验丰富的师傅加入学校的教学系统,亲自为学生传授技术。学校和企业的联合,真正实现了在教会理论的基础上掌握技术的目标。现在越来越多的高职院校开始以工学交替、实践育人的教育模式为中心,这样工学一体的学习模式,改变了传统的培养方案和质量评价,促进了学生的全面发展,增强了学生的职业能力和未来的社会适应能力。

(二)现代学徒制下高职课程思政教学体系的内涵

2016年,上海部分高校提出了课程思政这一教育体系,具体就是指高校思政教育应该融入人才培养的所有课程中。无论课程改革还是课程制订,都要符合思政教育思想,二者协同,一起发挥作用。高职课程主要分为三大块:专业教育课程、思想政治理论课程、综合素养课程。表面看来这三大类课程之间没有关联,培养目标也不同,但是从深层次的角度来看,三大类课程都具有思政体系的内核。三者之间互相协作,才构成了思政的整体。专业课程和综合素养课程都是思政课程的载体,思政课程则是思政教育的内容。

现代学徒制在成为高职院校主要培养人才的模式之一后,现代学徒制本质特征则变成企业和学校的深度合作。正因为这一本质特征,为高职院校的教育发展规划出了一条亮丽的风景线。在现代学徒制的发展下,思政课程得到了更好的发展,能够与专业学科之间不断融合,高职院校获得了更好的人才培养模式。

二、现代学徒制和课程思政结合的理论基础

(一)现代学徒制与课程思政结合的重要性

现代学徒制与课程思政体系结合,对现代学徒制的发展有着划时代的意义,对双方的构建都有重要意义。从现代学徒制的发展方面来看,课程思政更清晰明确地避免了校企双方在价值目标上的矛盾,避免出现功利化的现象,协调了二者之间的关系。从思政教育方面来看,现代学徒制加强了思政教育的内涵,也拓宽了思政教育的多维空间。企业在与校方进行合作的同时也为思政教育的发展做出了巨大贡献,加强了思政课实践教学在高职院校的地位和作用,也为思政课的实践教学提供了充足的场地等大量支持。现代学徒制与课程思政体系相结合,让思政教育真正做到了联结技能培养和综合素质培养,为思想政治教育的发展做出了全方位的努力。

(二)现代学徒制与课程思政结合的可能性

现代学徒制和课程思政教学体系并不是独立存在的,二者是可以相互促进、相互联系的。只有如此,才能够更好地达到培养人才的目的。而从本质上来说,二者也具有一定的联系。

1. 目标同一性

高职课程思政体系和现代学徒制,二者都是要培养出对社会有益、有社会责任感、具备创新精神和较强实践能力的社会主义接班人。高职思政教育对社会价值观的培养和对学生解决问题的能力培养让现代学徒制的发展更加全面。而现代学徒制的培养可以让学生养成职业相关的能力和专业素质。正确的社会价值观和专业的职业能力促使学生全面发展。

2. 体系开放性

现代学徒制和思想政治课程体系都具有强烈的开放性。在专业课程上,现代学徒制以实用性和开放性为主,更好地培养了学生注重技术的能力。在开放教学当中,现代学徒制培养出企业需要的人才,专业对口性更强,技术性更高,更符合企业的人才需求。所有专业课程中都会渗透思政教育,而思政教育在教学当中也会培养学生正确的价值观念,培养学生的职业素养和道德品质。二者之间互相交融,互相影响,互相渗透,形成了良好的互补性,对教学目标的达成有很好的效果。

3. 过程实践性

现代学徒制在实训和实践中都注重高度模拟工作情景,力求让学生感受到最真实的工作氛围,以此来培养学生的实践能力,也提前让学生适应工作性质。简单来说,现代学徒制的特点就是教学做一体化。虽然思政课属于一门理论课程,但是思政课也有很强的实践性。现代学徒制与课程思政的结合让学生通过实践上升到理论层面,两者的实践性为两者之间相互促进和培养学生的品质起到了桥梁的作用。在一定的条件下,就能逐渐在现代学徒制下形成高职课程思政体系。

三、现代学徒制下高职课程思政教学体系的构建路径

（一）创新高职思政教育理念，建立校企合作思政育人机制

第一，课程思政理念深化了思想政治教育。在新的课程思政理念中，课程思政不仅仅依靠思政课教师，校企师资力量和其他教师的教学也非常重要。各科教师将专业技能知识和思政教育结合在一起，才能让学生在掌握专业知识技能的同时，形成良好的专业素养和道德素养，为今后的就业打下基础。随着思政教育理念的推行，各科的课程教材和教学内容等方面都重新进行科学化、标准化制订。

第二，打造规范合理的育人机制。打造规范合理的育人机制是创新思政理念的首要前提。想要做到这一点，首先要组建权威的组织领导机构，让组织领导机构可以充分发挥组织和指导作用，促进课程思政的育人作用。组织领导机构可以通过学校相关的思政部、团委等部门成员组成，目的在于实现管理团队专业化。在组织领导团队当中也需要企业的一些党委成员加入，真正实现双方合作。在打造好组织领导团队后，就需要构建出严格的机制，制定相应的管理制度、交流机制，以及激励政策和进度调查等管理内容。

（二）整合所有课程教学资源，优化课程思政教学内容

打破各个专业之间的封闭状态，每个专业之间相互协作相互促进才是现代学徒制下所要建立的课程思政体系。课程思政体系的理念能够贯穿每个学科，创立完善的课程思政教学体系需要做到以下几点：

第一，在理论教学当中，思政教师需要了解学生的专业背景，将企业的文化和社会主义价值观联系起来，切身实际设置的教学内容才是科学合理的。在教学当中，也可以让学生在不断实践中形成职业道德和团队协作精神。第二，在思政教学的课程内容上，要不断通过丰富的人文元素来传递理想信念，将道德教育和政治素质以实践的方式融入进去，逐步培养大学生分析和解决问题的能力，还有他们对价值观的辨别能力。大学生的价值能力是社会进步的基础，强化大学生的价值能力就是在推进企业的发展和社会的进步。

（三）凸显学生主体地位，创新教学模式，全方位育人

社会实践是增强学生思想政治教育效果的重要环节。教育部新颁发的文件中指出，开展社会实践要切身实行。学校要不断吸引企业、社区等单位进入校园，搭建校企合作平台，全方位为学生提供实践的良好条件和良好机遇。而思想政治教育也能够因为校企合作带来更加便利的实践教学条件。在实践中，教师应该充分以职业发展为需求，也要考虑到企业的规划需求，整理出一套完整的社会实践教学方案。并且，思想政治教师应该了解学生未来的职业要求和岗位要求，将书本理论与学生的未来岗位紧密联系起来，在实践当中融入思想政治理论，加深学生对政治理论学习作用的印象。

（四）设立科学的考评体系，强调人才培养的知行合一

在现代学徒制模式下的思政教育要想更加完善，校企必须建立完善的考评体系，力求采用校内课堂加校外实践的考核标准，用理论加实践的考核方法综合考评学生的成绩。从思政教育考核的角度来增强学生的理论素养和职业精神，可以达到真正知行合一的培养目标，也有利于教师检查学生的学习效果，深化学生的思想政治概念。同时，在考核专业科目的时候，教师也要从学生的实践表现和理论知识两个方面来进行。高职院校思政教师在考核学生时，不仅要从学生本学科的表现来评定分数，也要结合每个专业负责人的评价，为学生进行最终的成绩评定。教师之间的互动保证了学生的行为习惯和职业素养等评价在考核当中有所涉及。多样化的评定既有利于教师了解学生的状况，又促进了学生的全面发展。

（五）提高教师职业能力，建立专业的师资队伍

校企合作为高职思想政治教学带来了很多有利条件。首先，校企合作增强了学校的师资队伍，改善了学校的教学条件，为思政教育的开展提供了有力支持。其次，校企合作让思政教师的职业素养变得更强。校企合作要求教师必须掌握法律、心理、就业指导等相关方面的知识。这就促使高职院校思政教师在教学当中不断加强自身的知识面，时刻为自己充电。同时也要了解社会的不同需求和时下的潮流，丰富自己

的社会实践经验,为丰富教学内容做准备。再次,校企合作有利于强化辅导员队伍。思想政治教师也需要在此时出一份力,定期为辅导员进行思政教育的培训,以此来促进思想政治教育的全方位发展。最后,在加强教育师资队伍的道路中,企业师傅也起到了关键性作用,所以也需要帮助企业师傅提高思想政治能力。

高校思想政治工作的重心是立德树人,当今高职院校思想政治工作必须要以德为本,以育人为主,全方位、全学科地培养新时代所需要的人才。

第四章　互联网时代高职思政课教学研究

信息时代的飞速发展让很多行业面临着各种挑战，高校思想政治课也是如此。信息化发展使得信息传递的非对称性消失，学生获取信息的方式越来越便捷，他们不再处于被动接受话语权的地位。网络媒体和文化产业的发展，使得任何一个知识点都可以在新媒体中得到很好的诠释和呈现。传统的高校思想政治教学方法已经不能适应当今时代的发展需要。思想政治教育改革势在必行，改革不仅只在教学方法和教学内容上，教学制度、所有教学参与者都需要在各个环节上进行改革，才能真正实现思想政治教育改革，让思想政治教育真正适应现代社会发展的需要。

第一节　互联网时代高职思政课实践教学面临问题

2005 年出台的高校思想政治的改革文件已经指明，高等职业院校的思想政治理论课程实践环节需要做重点加强。在这一政策出台之后的十几年中，全国高校都在不断努力发展思想政治课程。思想政治教育课程开始受到广泛关注，目前一些高职院校已经取得了思想政治课程改革的一些教学改革和创新的成果。但是在改革当中，也存在一些问题。

一、实践教学脱离理论教学

一些思政课实践教学和理论脱离是思想政治课程教育改革中出现的一个问题。众所周知，理论和实际的关系是密不可分的，但是在实际的实践教学中，很多思政教师在理论教学当中的指导有所欠缺。举例来说,如果要做一个新闻播报,那么大众化的做法是教师会让学生组成几个小组来进行这项活动。但是一旦出现学生选择的热点新闻和课程内容完全不符合,那这节课的实践课程就等于做了无用功。抑或教师在为学生做评价的时候,并没有将课程理论很好地融入进去,这也会出现事与愿违的结果。如果出现以上现象,实践教学就是失败的。

二、实践教学过程难以监管

思政课实践教学还存在教学过程中难以做到严格的监督管理的问题。教师带领学生参加实践必须要让每位学生都跟上自己的思路,调动学生的积极性,监督并管理,让每位学生都参与到实践教学当中。这就需要教师制订一个合理的方案,严格监管实践教学中的学生。比如,很多教师都知道,在大一新生中开展实践活动时,会出现很多学生对活动不感兴趣,不参加问卷调查或者对问卷调查敷衍、不认真做 PPT 等情况,想要改变这一情况必须要在了解学生的基础上,融入学生感兴趣的实践活动。

三、实践教学受时空限制,不能灵活开展

思想政治课的实践教学具体来说涵盖了三种类型:第一类是在校内课堂上教师组织的实践教学。第二类是在学校内的课外实践,这样的课外实践教学主要依靠教师在课堂外组织,例如一些辩论会、演讲等课外活动。第三类是学生在校外参加的实践活动。尤其在高职学校开展了校企合作后,这样的校外活动有很多。但是因为思政课程的时间受到一些限制,所以在开展上还是有很多需要考虑的因素。

四、实践教学形式比较单一

开展思政课实践教学的最终目的是提升思政课的整体实效性,然而因为受到很多因素的限制,实践的形式比较单一,有些实践教学课程没能实现这样的目标。观看视频、请专家学者做报告、参观实践基地、利用节假日搞社会调查等是大部分院校的实践教学形式。

这些实践教学内容没有紧紧联系课堂理论教学,有时候会因与学校有关部门组织的社会实践冲突而流于形式,思政教师也难以给予针对性指导。

第二节　互联网时代高职思政课实践教学实效性探析

一、互联网给高职思政课实践教学带来的变革

（一）互联网时代高职生的主要特点

在互联网时代,高职院校学生的主要特性为学生的年龄正好符合互联网快速发展的时间,这些学生都是在互联网的影响下长大的一代,深受互联网影响。很多学生甚至完全离不开手机,上课时间也喜欢玩手机,平时更是手机不离手,无论什么时候都要在网上逛论坛、逛淘宝等,这样的学生重度依赖互联网。具体来说有以下几个特点:

1.非常喜欢查看网络上的各种热点事件,乐此不疲

很多高职院校的学生,包括现在很多年轻人,都有这样的习惯:无所事事,只在网络上查看大量的热点信息,爱好搜捕各种各样的新奇事件和热点事件;利用网络疯狂追星,或者疯狂沉迷一种东西;习惯性跟风,习惯性站队。

互联网的讯息传播快速,让高职学生可以通过这样的渠道来获取资料,大部分高职学生都很擅长并且喜欢通过网络去学习和搜集资料。

2.喜欢塑造网络虚拟世界中的自我

现在的高职学生大我是独生子女,在现实社会中的孤独感比较强烈。由于成绩问题,他们没有什么自我认同感,因此很喜欢在虚拟世界找自我认同。例如,有很多学生沉浸在网络游戏里,每天都在游戏里花费大量时间来获得这样的认同感和快乐。在游戏中可以说说笑笑,可回到现实生活中却是很内向的性格。

(二)互联网给高职思政课实践教学带来的机遇

现在的高职学生不同于以往的学生,他们有着更加多样的信息获取渠道,也擅长去获取各种各样的信息,却不能很好地区分有效信息。所以此时正是思想政治教育实践极富有挑战性也富有机遇性的发展时刻。

1.互联网时代思政课实践教学内容更加丰富

思政课实践教学因为互联网的发展变得更加丰富。例如云课堂App,里面汇集了大量资源,让教师节约了大量找资源的时间。同时教师也可以通过微信或者官方微博等自媒体平台来传递思想政治教育内容。丰富的平台和资源为思政教育提供了多种手段,也极大地宣传了思政教育。并且,随着网络技术的发展,目前我国的线上数字博物馆蓬勃发展,学生可以自由进行观看。这样更加丰富了学生的思想,也为思想政治教师进行思政教育提供了有利资源。

2.互联网时代思政课实践教学平台更加广阔

无论在生活还是学习中,人们与互联网的联系都越来越紧密。尤其是处于青年期对新鲜事物有很强接受能力和好奇心的高职院校学生,对于他们来说,每天的日常生活都离不开网络。他们喜欢通过网络与他人分享心情,也喜欢利用互联网进行各种各样的社交和学习。因此在思想政治教育实践时,教师就可以通过云端App来与学生进行实时互动,关注学生的动态,与学生进行互动,来增强学生的积极性和主动性。

3.互联网时代思政课实践教学可以突破时空限制

互联网时代的思政学习改变了以往传统的思政课实践教学,抛开传统实践教学被固定场所限制的缺陷,思政实践教学通过互联网跳出了这一思维。在线上随时随地都可以进行思政课实践,这不仅仅为学生提供了很大的便利,也让学生更容易接受思政课的教学实践模式。而教师可以充分将线上和线下的教学结合在一起,既不受时间和地点的限制,也可以增强实践教学效果。

4.互联网时代思政课实践教学可实现动态评价

对互联网时代下思政课实践教学的评价也不同于以往的静态评价。思政教师更多通过互联网来对学生参与实践教学的过程进行实时动态评价。这样,教师可以随时掌握每位学生的学习进度,通过观察他们的细微变化做出评价。

（三）互联网给高职思政课实践教学带来的挑战

互联网时代信息的快速广泛传播是传统媒体无法做到的,但也使高职思政课实践教学面临挑战。

1.网络上的错误思想对思政课实践教学内容的权威性提出挑战

高职学生每天都会受到网络上大量信息的冲击。猎奇心理就会驱使学生阅读。例如前段时间有个主播侮辱在南京大屠杀中死难的民众,并且对农民工有不正当的言论和侮辱行为,学生面对这种不当观点时,都是需要思政教师进行引导的。因为学生本身是缺乏判断理论的是非能力,长此以往特别容易接受这样的误导,形成不正确的价值观和政治观。针对这一常见问题,思政教师要及时对学生进行纠正。

2.网络的虚拟性疏远了思政课实践教学中师生之间的距离

在虚拟的网络世界中人和人之间的交流都是通过文字或者音频实现的,缺少面对面的交流让人们在现实生活中产生了一些距离感。一些通过网络可以说出的话或者表达的情感,往往在现实中接触时并不能被表现出来。所以,虽然这样的网络交流为师生之间提供了一个便捷的沟通平台,但是这样的虚拟交流,会导致师生之间因为不注重现实的交流而造成感情上的疏离。

二、互联网时代提升高职思政课实践教学实效性的对策

习近平总书记曾在 2016 年全国高校思想政治工作会议上,发表了关于加强高校思想政治工作的讲话,强调思想政治教育要根据时代的发展更加具有亲和力和针对性。所以,作为高职院校思政课教师需要具备以下素质:

（一）借力互联网平台，整合互联网资源，丰富教学内容和形式

（1）学会通过网络搭建第二课堂。教师可以在思政云课堂的 App 上多发布一些对相关时事的报道，也可以调动学生对热点话题的正确讨论方向，帮助学生在生活中形成正确的分析能力。

（2）充分发挥 App 等互联网辅助教学手段。教师要充分利用云课堂 App 等手机软件的其他作用。利用这样的辅助手段更好地设置让学生喜欢的教学内容和教学环节，能保证最大限度地发挥思政课堂的时效性。通过这样的环节设置可以让学生迅速全面地掌握知识内容，大大增强了教学的效果和效率。并且在日常的教学中也可以在 App 内设置一些有趣的问答，帮助学生巩固所学的知识，让学生在不断巩固的同时将这样的思想付诸实践。

（3）通过数字网络技术向大家介绍数字博物馆。数字博物馆可以充分激发学生的学习兴趣，提高教学效果。

（4）通过网络做实时调查。思政课当中有很多需要学生进行社会调查的地方，而网络调查则比以往传统调查更加节约时间和成本，效率也更快。

（5）教师通过微博、今日头条等自媒体平台发布新闻，发起学生讨论，纠正学生的历史观和价值观。并在讨论中帮助学生学会用马克思主义的思想来分析和观察问题，树立一个正确的立场和价值观。

（二）利用互联网加强思政课实践教学的过程管理

互联网技术使思想政治教育的教学过程更加透明化，教师也可以随时随地通过 App 等社交软件和思政自身的云课堂 App 来观察学生的动态，调整自己的教学方式。

（1）运用互联网技术开展思政课互联网云平台实践教学是思政教育的一次前所未有的改革。这样的改革效果显著，很大程度上保证了学生学习的积极性和参与的广泛度。

（2）互联网时代的思政课实践教学让学生可以全身心投入，参与每个细节。

（3）教师可通过网络教学平台，在云课堂中全程掌握每位学生的学

习、生活和思想动态,并且可以随时随地与学生进行讨论,纠正学生的思想观念,帮助学生走出观念误区,解决学生生活中遇到的一些思想问题,让思政教育更加具有针对性。

(三)利用互联网丰富实践教学作业及考核形式

思政课教师在互联网模式下对作业的考核形式也更加丰富。例如在考核中增加以下方法:

(1)视频作业形式。教师可以根据课程章节,让学生以个人或以小组形式完成视频作业。教师依据每位同学参与的态度、表现、实际效果等给出成绩。

(2)音频作业形式。教师让学生自由选择现代诗歌、古诗词等文学作品进行深情朗读作为音频作业。

(3)活跃指数做评价。教师根据学生在 App 教学平台上的发言次数及作业完成情况等进行评估,最终做出评价。

(4)动态考核形式。通过 App 设置签到模式来调查学生的积极性,并作为成绩考核指数。在每个教学环节中都设置一个签到程序,这样可以在线上对学生的参与次数进行考核。每个环节过后要有总结阶段,这样就能在每个环节对学生的参与情况和参与成果有所了解,再展开与学生的讨论。

互联网的快速发展影响着人们的生活方式和教育方式,思政教育也需要在互联网的发展下做出相应改变,来响应习近平总书记的号召,帮助学生形成正确的分析能力和逻辑思维方式,形成积极向上的心态和处世观念,打造思想政治教育课的时代性、亲和性和时效性。

第三节　互联网时代高职思政课网络化教学探讨

一、思政理论课网络化教学产生的背景和意义

（一）互联网时代对高校思想政治理论实践教学的影响

现在大家对"互联网＋"这个词并不陌生，互联网的发展已经影响到各行各业。"这种颠覆本身带来的是融合，以及新生态的出现和蓬勃兴起，这些都是跨界的土壤。跨界，必须跨越思维观念之'界'，'互联网＋'针对问题痛点、体验空白、价值盲区所实现的跨界融合会带来很多亮点，状态切换是新旧力量的角力，是心智与习惯的转变，需要时间考验，要经受质疑的煎熬。跨界，应该成为一种行为方式。"[1]

尤其对于高校大学生来说，信息时代的便捷快速，让他们形成了前所未有的开放性和模仿性。对思想政治理论课实践教学来说，互联网时代的发展既是一个机遇，也是一个挑战。机遇是因为互联网时代的发展，让思想政治课有了便捷的科学技术来开展教学，但是因为学生接收信息的便捷，太多繁杂的信息在他们的头脑中，对思想政治教育产生一定的影响。所以此时对教育工作者来说是一个考验，教师必须要走进学生中间，了解学生的思想和心理状态，才能将理论融合到实践当中，调动学生学习的兴趣，真正参与到思政课实践活动当中。

（二）加强实践性教学是推进思想政治理论课改革的必经之路

党的十九大强调，在社会发展的各方面融入社会主义核心价值观是社会发展的必然。只有将社会主义核心价值观深入到每个人的心中，才能让每个人都为社会主义建设的共同理想而奋斗。理论变成行

---

① 马化腾：《连接一切"互联网＋"国家战略行动路线图》，中信出版集团股份有限公司 2015 年版，第 47 页。

动才是最主要的,而这样的转变离不开思想政治教育。思想政治教育不能仅仅停留在理论的灌输层面上,要以理论转化为实践为重心来开展教学课程。教师要学会引导和开展实践活动,不能再一味地进行简单的说教。理论联系实际才能推进高职院校思想政治教育的发展。思想政治教育只有更加生活化和社会化,才能满足当今时代的需要,更具实效性。只有发展好思想政治教育才能积极推进我国社会主义建设的进程。在思想政治教育教学中,要时刻以中国特色社会主义理论体系为基础,将实践教学和社会主义特色理论相互联系,共同促进教学实践模式的发展,同时促进学生的全面发展。随着近年来我国社会经济的发展,改革进程的逐步深入,全国各地高职院校也在不断探索适合自身的教学改革方式方法。

(三)探索思想政治理论课网络化实践教学模式的意义

社会的发展进程离不开思想政治理论的指导,信息时代的发展也离不开思想政治教育理论的指导,思想政治教育的重要性不言而喻。以往的实际例子表明,信息时代可以推动思想政治教育的发展。反过来,网络的发展也离不开思想政治理论的引导。所以在信息时代下,思想政治理论课在寻求创新时,可以充分利用信息技术搜罗网络上丰富的教学资源,再通过网络的便利进行多种多样的讲述。并且,通过网络信息技术也可以充分了解当下大学生的思想状况,为思想政治理论课教学的开展提供很好的载体。同时,互联网的丰富多样性,还有利于培养学生的信息获取和加工分析能力。

二、思想政治理论课网络化实践教学模式

思想政治教学改革就是改变以往传统的思想政治理论课实践教学模式。教学任务不再是枯燥的让教师布置作业,也不只是让学生以调研等形式来进行社会实践。高职院校的实践教学模式必须要丰富起来,可以充分利用网络信息平台,帮助学生优化资源,进行实践活动教学设计。不仅如此,通过互联网教学还能培养学生的创新性和探索性。

（一）思想政治理论课网络化实践教学设计思路

思想政治理论课教师在课堂教学中要充分利用好网络平台的多媒体设备。教授学生学习使用思想政治网络实践教学平台，将教学实践学习任务和要求都上传到网络平台中，可以让学生随时随地全网交流。这样就不用占用太多时间在课堂上布置任务，也能方便快捷地看到学生的任务完成情况。目前来说，思想政治理论课实践网络平台按照三大模块开展，即环节必修、模块选修、积点完成。学生可以根据自己的完成情况选修某一模块，更加智能化和多元化。

（二）思想政治理论课网络化实践教学内容和教学环节

网络化实践教学平台主要是利用移动互联网技术，创建专门的思想政治理论课实践教学平台。该平台设计了各种学习环节和内容以供学生选择，为思想政治理论课实践教学提供支持，学生可以随时随地登录平台完成课程学习任务。

1.师生互动环节

现在的思想政治理论课网络平台改变了以往传统课堂上思想政治教师与学生互动过少的缺点，增强了师生的互动和交流，解决了思想政治教育教师与学生之间因班级人数太多、班制太大而不方便交流的问题。师生之间可以随时随地互动，不再拘泥于一般的形式，转变为更加开放的形式。并且讨论的形式也得到了丰富，教师还可以就最近的热点时事和学生比较感兴趣的话题来进行思想政治理论教育，引导学生养成良好的道德素养和政治素养。在课堂上与学生互动更能促进师生之间的交流和探讨，学生的积极性也会更高。

2.自我教育环节

由于接收信息的便捷，现在的学生对教育内容有很宽广的选择，他们可以自由选择想要接收的信息。而思想政治教育教师则要考虑到，在这样的信息时代中，如何能够让自己的教育内容吸引学生，让学生感兴趣，并由他们自主去选择，去接受。其中必须要做到的一点就是要充分尊重学生的思想，要清楚认识到学生是具有自由选择权利的个体，只有通过了解他们的想法来调整课程的设置和教学方法，才能让学生喜欢上思想政治课程。而思想政治理论课网络实践教学平台就为教师了解学生提供了有利条件。加强了与学生的交流后，才可以让学生进行自主学习。

3. 实践成果展示环节

高职院校思想政治理论课网络实践平台可以增加各种各样的社会教育环节。例如一些高职院校在社会实践活动中增加的"社会调研""基地参观"等模块，充分地调动了学生的积极性，同时也展示了学生丰富的学习成果。这些环节更加具有针对性，让学生通过实践活动对思想政治教育有了不同理解，也让思想政治教育实践教学的效果更好、更直接，更加能够培养学生的品德素质和职业素质。

（三）思想政治理论课网络化实践教学的成绩认定

思想政治理论课网络化实践教学也让传统的成绩认定不复存在。全过程、全方位、立体化的考核评价特点，教师点评、学生互评和组长复评立体化交叉考核评价，学生的学习主体意识和民主管理、公平竞争等现代意识通过考核评价得以确立。站在更加客观和开放性角度对学生的成绩进行认定。这样让学生感到更加自由，在自由中获得知识，也在自由中培养出自身的良好道德品质。通过学生在网络平台中的每项成绩评定来获得最后的得分，学生可以针对自己的弱项主动改进，一方面减轻了教师的工作量，另一方面这样新颖的形式也增强了学生的学习兴趣。

三、思想政治理论课网络化实践教学效果

在思想政治理论课实践教学改革中，最具时代性的就是网络平台的出现。上文中曾经提到如何让思想政治课程具有自身的信息时代特性，如何将信息技术与思想政治教育完全融合并且形成自身的特色，高校思想政治教学互联网平台为社会交出了一份满意的答卷。思想政治理论课网络化平台实现了将信息技术与思想政治理论课完美融合，开拓了思想政治理论实践课的新模式，既突破了传统思想政治理论课对实践教学模式的条条框框，也能够在创新的模式中更加发挥思想政治

理论的作用。思想政治理论课网络化平台教学让学生可以被新颖的技术形式吸引,又可以被传统的思想政治理论所影响。这样的改革既受到学生的欢迎,也让很多教育工作者开展教学工作更加多元化,对思想政治教育的发展有着深远影响。

(一)提高了实践教学的覆盖率和即时性

近年来,各高校思想政治教育改革都将思想政治理论课实践教学放在重要位置,但是由于一些高职院校实践教学资源稀缺,能够实践的教学基地也很少,实践教学的覆盖率并不是很好。思想政治教育的网络平台也为这些高职院校带来了解决这一困境的办法。思想政治理论课网络平台的建设让高职院校不再为自己的资源过少而担忧,也不再为如何来拓宽资源而发愁。网络的便捷大大增加了高职院校思想政治理论课实践的渠道,改变了过去没有渠道可以进行多方面教学实践的困境。而且这样一来也可以通过网络平台来对学生的学习状况进行实时查看,学生也可以简单地利用手机来随时随地进行学习和浏览。这样的网络平台形式,既带来了广阔的覆盖面,又带来了更加实时性的学习方式,提高了思想政治教育的时效性。

(二)大大增强了师生之间的互动

思想政治理论课网络平台的开通,让教师和学生之间不再单单依靠传统课堂交流互动,或者依靠电话这样的方式来进行交流。现在教师与学生可以通过网络随时随地进行沟通。

第一,沟通渠道更多。从传统面对面的沟通为主,到微信、QQ等多渠道沟通的出现,人和人直接的沟通方式变得更多。不同的沟通渠道让我们更容易定位联系到一个人。

第二,沟通范围更大。在互联网没有普及的时候,师生之间的沟通范围非常有限,主要限于任课教师和学生之间。互联网时代,借助博客、微博、新闻推送等,我们可以和虚拟世界里真实的人进行沟通,讨论兴趣爱好、请教问题、共建合作圈等。教师不再局限于任课教师,可以延伸到校内外专家、学者甚至知名人物等。同学也不再局限于本班同学,四海之内皆可成为同学。

第三,沟通更快速。快速也是互联网给沟通带来的一个好处。比如以同学聚会为例,以前要组织一场同学聚会,组织者需要筹备很长时间,大家相互联系上要费很大的劲。互联网时代,要想联系上一个人变得很简单。互联网没有普及之前,很多沟通工作需要面对面进行,这样需要很多的人力财力成本,互联网的发展带来了语音聊天、视频会议,这样我们沟通更加快捷,处理工作的效率也就提高了。

(三)提升了大学生正确应用互联网的能力

互联网信息技术的发展改变了我们传统的认知方式和生活方式,甚至也在改变现在大学生的交际方式。不过网络上的信息不只有积极向上的,也有大量负面的消息充斥其中。如何让学生抵制低俗信息的诱惑,不被那些充满暴力、低俗或者偏激的信息吸引,不至于每天沉迷于一些网络游戏,都是思想政治教师需要考虑的问题。利用这样的思想政治教育教学实践网络平台,教师与大学生可以针对这些问题进行讨论,让学生正确认识到使用网络的方式方法,远离低俗消息,形成正确的世界观和人生观,学会适当的娱乐,不至于每天沉溺于游戏或是一些娱乐消遣上面。思想政治教师的主要职责之一,就是在不断地引导下帮助学生增强自律性,使其通过互联网来获得学习体验,利用互联网成为一个有利于自己成长的工具。

第四节 互联网云平台空间的高职思政课多维互动教学

一、互联网环境下高职思政课的运用基础

对于当今的互联网,处在高职院校年龄阶段的青年与互联网的黏性非常高。有关调查显示,在高职院校和普通高校当中,几乎100%的学生每天花多个小时在与互联网接触。所以互联网的整体环境对学生的影响是很大的,可以说现在每个学生每天都离不开互联网。互联网这把双刃剑在带给人们更自由的言论和思想的同时,也会带来一些不

良信息。这就要求思想政治教育工作者必须要培养学生养成正确的世界观。

互联网的便捷性和开放性让其两面性更加明显。如果思想政治教育工作者和大众注意传播正能量，那么就会改变网络上的不良风气。例如多在网上对一些优秀支教大学生进行宣传，或者宣传一些基层大学生工作者，弘扬正能量，引起大众的兴趣，抵制不良风气。良好的世界观和价值观以及政治观的形成，也会让网络环境得到净化。网友的良好品质也会让网络的整体环境充满正能量。这样就会在网络上形成一股正能量的风气。一些年轻的学生和未成年人，也不会再因为网络环境的复杂性而受到不良信息的诱惑，甚至染上恶习。由此可见，思想政治教育在网络发达的今天，成为净化网络环境和培养良好社会风气的主要因素。

二、云平台空间的高职思政课多维互动教学模式分析

信息时代技术下的高职思政课教育教学发展是众多教育工作者一直在思考的问题，如何能够通过互联网资源开发出更多适用于思想政治教育发展的模式是重点。通过查阅相关资料，以及对全国各高职院校进行走访调查，本书最终发现互联网云平台空间极受广大高职院校教师和工作者欢迎。这也进一步显示了我国高职院校思政课在国内的成就。

（一）创建移动 App 教学管理端

目前有一款叫作蓝墨云平台的移动端思想政治教育 App 软件，对于现在已经习惯了用移动互联网来查看信息的学生，无疑是非常适合的。这类软件新颖的模式很贴合学生的日常生活，并且也改变了以往过于呆板的教学方式。高校思想政治教育通过信息技术的更迭，自己创建的网络移动 App 让学生可以随时随地与教师进行沟通。这样的移动信息化辅助教学软件改变了以往学生对于传统思想政治学习过于死板的抗拒心理，充分将传统的思政教育知识和时下热点与学生比较关心的话题联系在一起，促进大家讨论。这样比微信公众号、微博甚至是

网站的效果好很多。因为这是专门为思想政治教育打造的平台，信息更全面，功能也更多。并且其研发是基于大量的教育工作者多年的调研，更加适用于教师教学，甚至是学生的日常生活。有了这样的 App，思想政治课教师可以提前将课程上需重要讲述的内容展示给同学们看，并且可以随时和同学们进行互动，既让学生在轻松的氛围当中了解课程，又可以针对学生的课前反应来对课程的教学方式和教学步骤做出改变，力求能够帮助学生更好地接受思想政治教育。

（二）开展思政课堂环境中的师生互动

思想政治目前开发的新款移动 App 加强了思想政治教育与学生之间的互动。并且可以通过这款移动客户端来随时随地与学生交流，在交流中不断帮助学生提高逻辑分析能力。同时思想政治云课堂也对线上教学模式进行了创新，加入了传统的教学模式，将课前预习、实时课堂以及课后考卷都列入了 App 的教学活动当中。针对一些特殊的实践过程，App 还会为学生做好提示，让学生发表自己的言论和感悟。并且在云课堂中，观看教师的课程时，学生可以发送实时弹幕，无论在直播当中还是在播放视频中，弹幕都会显现。教师也可以通过这样的方法总结一些学生的难点和疑点，之后在课堂中与学生进行讨论。

思想政治云课堂 App 在开发当中，利用了时下最先进的云计算技术，结合虚拟互联网的便利帮助思想政治教师拓宽教学方式和方法。而且其传播方式广泛，查看方法方便，只需要学生在 PPT 上扫码就可以关注这款 App，可以随时随地保证与教师的交流。而学生在接受了思政课的教育之后，就会由内到外向自己身边的人进行扩散。这样一来便起到了很好的传播效果，让越来越多的人受到思想政治教育的帮助。一些曾经面对教师不敢提问题的学生，因为网络变得活泼起来。教师也改变了以往刻板教条的形象，成了学生的倾听者和陪伴者，这样的转变让人们更加喜欢思想政治教育，更愿意接受思想政治教育工作者所传播的思想。有些面对面难以沟通的问题，也可以在网上进行交流。

在传统的思想政治教育课当中，有时课程教育内容知识点很多，教师为了赶进度,缺少和学生的互动,也无法开展过多比较有趣的教学模式,这样就让课堂变得索然无味,吸引不了学生的兴趣。而思想政治教育 App 的云课堂就充分解决了这一问题。利用思想政治教育 App,学生在课前就获得大量的知识点,为教师在课堂当中知识点的讲述减轻了压力,也让课堂变得互动性更强,更具有趣味性。教师也可以通过思想政治教育 App 获取大量的专业数据为教学做准备。从一定程度上来说,这款 App 的研发解决了教师和学生的很多问题。首先是解决了教师收集资料集中度不高的问题,其次是解决了学生总是觉得思想政治教育课程太过于死板和无趣的问题。这两个问题的解决既能够让教师的课堂教学效果有所提高,也很大程度上调动了学生的积极性。可以说,这款思想政治云 App 解决了思想政治教育上的两大主要矛盾。思想政治云平台的智能化提供了大量获取信息的机会,是思想政治教育发展和教师教学的最佳辅助手段。不过在高职院校教师使用时要注意,如果课堂中的 PPT 内带有大量的音频文件,可能会导致网络卡慢,所以在课前准备阶段一定要注意好对量的把握。不能因为音频吸引人就都利用音频来吸引人的眼球,要凭借日常生活与思想政治教育之间的联系来做到让人们喜欢云课堂。必须要强调的是,虽然高职阶段的思政教育课程 App 会为思想政治教育课程带来诸多好处,但是目前的思想政治教育 App 也存在着一些问题。例如同其他 App 相同,这款 App 也会涉及和透露很多学生与教师的个人信息。并且教师所运用的各种各样的音频也会对大数据产生一定影响,同时对于有些同学在手机上查看的时候会因为载入 PPT 文件过大而变得有些卡顿。这也是目前思想政治教育云端 App 需要解决的一些问题。

(三)加强学生个人思想动态信息的收集与反馈

借助云课堂平台 App,思想政治教师可以更加便利地搜收集学生个人思想和个人动态的信息,从中看到学生日常生活的思想的反馈,教师在这样的反馈当中可以对学生进行实时引导。帮助学生在遇到一些问题和行为有偏差时,改正自己的错误,树立正确的价值观和人生观,学会用正确积极的方式解决眼前的问题,而不是用消极的态度来面对问题。另一方面,从客观层面来说,在所有互联网平台空间上,目前呈现思想政治教学内容最全面、最多维化的 App 就是思想政治云课堂 App,虽然存在一些缺陷需要改进,但可以说目前这款 App 是所有同类软件中的佼佼者。

第五章　基于云课堂的教学模式研究

虚拟化技术的不断成熟推进了教育信息化时代的进程。在逐步推进过程中,信息技术与教育内容的结合初步形成了一些成果,那就是云课堂的出现。云课堂为学习者和施教者都提供了一个从未有过的全方位同步、开放的线上教育平台,打破了传统教育受时间和空间限制的壁垒。并且在教学方面,云课堂为教师提供了全面的资料,在教学过程中也有着诸多方便开展教学工作的设置。而海量的知识点以及全国高校资源的储备,让学生可以通过云课堂找到最新最权威的专业学术资料。

第一节　"云课堂"的构建与应用

一、"云课堂"推出的背景

长期以来,我国的教育改革都存在着教学方法落后的问题。由于我国各地的情形不同,发展情况也不同,经济水平和教育水平直接挂钩,传统的教学方式仍然是大部分地区的主要方法。现在云计算与思想政治教育打造的云课堂就是为了弥补这样的不足,改变以往的填鸭式枯燥教学,让教学课堂活起来、动起来是当今云课堂开展的重要意义和目的。深化教育改革的具体措施就从具体实行云课堂做起,改变以往以教师为主体强行灌输知识点的方法,做到真正以学生为主体,让学生和教师之间真正有互动。

云计算从研发出来之后,就受到世界各国政府的高度重视,被积极应用于世界各地,应用到每个领域当中。首先开始将云计算应用到教育上的是美国。美国在云计算刚被研发出来的时候,就开始从政府和教育方面大力实行,并且让政府和教育机构都拿出具体方案。

　　我国也顺应着时代的改革,着手将云计算应用在教育领域。我国在 2010 年提出了教育"云服务"的信息化教育现代化发展方向,鼓励广大教育工作者和技术工作者在这样的"云服务"的宗旨下通过云计算平台来增强教学的智能化和信息化。2012 年 3 月,教育部针对云服务教育平台颁布了重要规划报告,明确对建设国家教育云基础平台(以下简称云平台)的整体进程进行规划。

　　在大家都开始积极响应信息时代教育和创新教育的环境之下,教育工作者在接受了前所未有挑战的同时,也获得了很多的机遇与学习的机会。教师不仅仅要带领学生达到学习目标,也要学会掌握云平台和信息技术,获得更多的学习机会。在对教育信息化的探索上,教师都在不断探索新的教学方法。尤其在近几年,通过教育部和各地教育部门的共同努力,各学校的云平台纷纷出现并开始进入积极地应用阶段。在这一阶段,教师成为主要的探路者和实践者。实践证明,云课堂的效果反应非常好,为云计算与教育的融合奠定了基础,对今后我国教育现代化的改革和发展都做出了贡献。

二、"云课堂"的特点与基本概念

　　"云课堂"这个词汇在如今已经不陌生了。云计算的广泛应用让人们对互联网技术有了一定印象。而云课堂也是在云计算的基础上,加入了自身的教育课程。教学内容与云计算技术的融合形成了云课堂,具体就是通过互联网技术形成的网上教学模式以及在传统教学当中通过互联网技术进行的课堂教学。"云课堂"具有同云计算技术一样的高效性和便捷性。与传统的教育课堂相比,云课堂具有传统课堂不具备的高互动性和时效性。云课堂集合了教育教学当中所有的教材内容,也集合了与课程相关的所有课件、音频、视频等数据,并且可以根据学生平时关注的一些新闻进行信息推送;也集合了教师评价系统和学生签到系统,高效性和实时性全部在云课堂中显现。云课堂完全以学生的体验性和学习为中心,让学生既可以通过云课堂进行实时的听讲,也可以通过云课堂参加实践活动,更可以与其他同学进行协作互相讨论,集合了全面的服务在里面。

(一)永不下课的课堂,重点难点在线解决

虽然教学课程一直在以学生为中心不断进行改革,但很多教师还是以自己的教学计划和教学进程为主,在课堂当中学生还是处于被动接受的地位。而云课堂则颠覆了这一传统模式,无论形式上还是设置上都是完全以学生为本的平台。在以学生为主的基础上,云课堂也为教师提供了很大的便利。教师可以通过云平台来布置课前、课中和课后的任务,包括发布考试考核的考点。教师还不用担心因为学生记忆不及时,导致一些学生反馈没有跟得上内容的问题。云课堂既方便了学生复习,也方便了教师教学,减少了很多不必要的工作环节,省时省力。

(二)在线问答,学习完成后,在线考试

云课堂不仅仅在课堂中调动了学生的积极性,在课程结束后也可以及时布置任务,教师可以及时看到学生的完成情况,对学生进行在线答疑。一方面,新颖的在线问答模式提高了学生的学习热情,增加了学生主动学习的意识;另一方面,这也提高了教师的工作效率和教学效果。

(三)单一学习到多样学习的转变

在传统课堂中每位学生都只接触到一个专业学科,不易学习更多学科的知识。而在云课堂平台,只要学生喜欢自主学习,就可以系统地学习任何学科的知识,增强了学生学习的广度和深度。只要通过云课堂平台轻轻一搜,便可以搜罗到任何自己喜欢的学科内容,可以进行同步学习和在线问答。这样的云课堂解决了以往有的学校不可以修双学位的困扰,为学生创造了更广泛的学习机会,得到了学生的一致好评。并且在"云课堂"上还有兴趣小组,找到志同道合的学习伙伴就可以每天互相讨论,既有利于增强交际能力,也有利于对知识进行完整系统的学习,同时还有专业课程的教师与学生进行交流,就更让学生有了学习的动力。这是传统教育难以做到的。

三、"云课堂"环境的构建

云课堂是云计算与教育结合的最重要部分,也是智慧教室建设当中的领军者,为今后智慧教室建设的发展打下良好基础。

(一)智慧教室的建设

智慧教室是教室空间和软硬件的整体总和。在云计算等大数据的信息技术下的教室信息化建设,呈现出的最新形态就是智慧教室。智慧教室为师生提供全面的智能化服务,以及全面的教学活动设置和应用。智慧教室的目的是达到优化的教学效果。

智慧教室系统通过高清的录播系统把一堂课的教学过程同步到云课堂中,支持学生实时观看和视频观看。而且,通过多机位来将画面充分补全,可以让线上的学生看到全面、清晰的镜头,不漏掉教学过程中的每个细节。智慧教室可以根据学生的观看需求,任意缩小和放大画面,保证学生的观看方便性。

同时,智慧教室有丰富的教学资源供教师参考,为高质量 PPT 的制作提供了便利。学生可以快速访问,在应用中让学生感到它的便捷性和广泛性,做到了真正以服务学生为主。智慧教室将网络技术与教育真正融为一体。

(二)构建基础架构云平台

成功构建基础架构云平台的基础在于信息技术的发展。在之前传统的互联网中,是无法构建这样的云平台的。而随着信息技术的发展和设备的完善,这样的云平台教育系统被研发出来,让云平台既能够具有信息技术的便捷性,也具有了教育内容的权威性。IT 数据为云平台的打造提供了充分的基础和技术信息。

(三)云教室、云实训室的建设

将所有的信息系统和教学资源都存储在"云端"是目前云计算和教育的融合成果,在融合当中形成了云教室和云实训室。和传统的电脑教室相比,信息系统和教学资源都储存在云端就相当于将所有资料都集中在了一个中转站中。和传统的将资料储存在电脑中相比,这样的储存资源空间更大,更方便教师找到这些资料。云教室和云实训室也为师生之间提供了一个线上的课堂平台,在创新了教学方式的同时,也可以让教师通过线上平台,为学生进行实时的在线问答。学校不需要花费太多的人力去调度课程,只需要在云课堂平台上发布通知,让学生来观看即可。学生还可以随时与教师进行交流。云教室和云实训室为师生之间的深度互动进行全面服务,具备很高的性价比,节省了时间,也更加人性化。云教室和云实训室为师生关系和教育课堂提供了一个新的发展机会和发展方向,教育不断呈现多元化走势。

四、"云课堂"的应用

关于云课堂的应用,笔者结合目前教育借助云计算的改革以及新型教学模式等方面,总结出以下几个方面。

(一)"云课堂"在计算机基础教学中的应用

"计算机应用基础"课程是大学(非计算机专业)当中的必修课,也是计算机的入门课程。目前通过教育的深化改革和教学师资力量的增强,众多高校包括高职院校在内,将计算机基础课全部都安排在云教室环境下进行教学。课程的教学知识点、各类练习题、考试题等都会由教师在云课堂上一一发布。教师在课堂之中通过云课堂来进行讲解,可以通过云课堂观看所有学生的习题完成情况,并针对学生的完成情况进行讲解。这样也解决了很多学生觉得计算机课程枯燥的问题。一边让学生动手做,一边由教师进行讲解,能够增强学生的学习效率,教学目标更容易实现,教学效果更显著。同时,如果没有听懂课程,在课下也会看到云课堂上的教学内容,并且还会有对应习题的演示,这样就更加方便学生学习。同时也可以在班级内增加讨论组,让学生就一些难题互相讨论,增进学生之间的交流,培养学生团结协作的精神。而且在云课堂中,学生有不会的问题也可以直接请教教师,帮助学生加强了与老师的沟通。有了良好的沟通,在实体课堂当中,教学氛围就会变得更加融洽,学生的学习信心也更足。

(二)"云课堂"在仿真、模拟教学的应用

高职院校是以培养应用型技术技能人才为主,所以高职院校会安排很多实践活动。云课堂为学生开创了另一种实践方式。学生可以在云课堂的仿真软件中真实操作,这样节省了场地,也让学生不必经常往返于各个实习地点。学生很容易适应这样的技术学习,效果也更好。这些教学仿真模拟器都集中在云课堂上,所以学生在云课堂的桌面上可以通过登录模拟软件系统来进行操作,方便快捷。教师更能清楚地观察学生在实践中的表现以及出现的问题,在过后可以随时与学生交流,教导学生及时改正一些缺点,真正拥有良好的技术。一些高职院校的学生在考专业证书时,也许之前会因为大家都挤在一个场地学习而耗费很多排队的时间,现在有了这样的便利软件,就不会再出现这样的情况。大家都可以通过云系统来进行练习,避免了等位耗费的时间,又避免了一些同学在看到同学等位时,心里会出现的紧迫感。云系统帮助学生创造了更多的实践机会,也让学生做了更多的职场心理建设,有利于今后高职院校学生在社会生活中的发展。

(三)"云课堂"在专业设计课程的应用

在云课堂教学的时候,教师都可以和学生在一样的机器上进行观看。而且教师和学生可以在使用中不断总结系统出现的问题,反映给设计云课堂的团队,云课堂设计师会根据教师的要求重新规划改进技术。在改进中,每个步骤都会详细地解释给教师和学生听。

学生在教师讲解时可以按下同步学习来记录教师的讲课过程。教师也可以在课上为学生布置一些设计内容,然后对学生进行点评。需要改进的地方,可以让学生课下将改正的作品传到云课堂,之后教师再进行反馈。这样既能够更好地辅导学生,也增强了学生的学习热情。因为传统的课堂中,学生如果遇到不会的地方或者是感觉自己做得不好的地方,在课下很难有时间与教师交流和沟通,自己不能够明确改进方向,而云课堂解决了这个问题。学生的主观能动性得到了充分的展现,教师的辅导和传道作用也得到了充分的展现。这样让教师和学生之间有了充分交流,有了施教和受教的良好渠道和平台。

（四）开发设计在线学习云平台

无论云平台还是云课堂都让学生享受到了线上的便利。云课堂充分为学生的自主线上学习做了详细设计，且不局限于本校的学习。云课堂将全国所有高校同一专业的教学内容、名师授课、习题等视频和相关资料都整理在一起，以供学生在线上进行观看。为了方便学生的观看，并考虑到学生的经济状况，只要学生输入自己的学号就可登录查看，没有任何的收费，完全无偿提供给学生最顶尖的一手专业资讯。学生可以向任课教师的微信号、微信公众号提出问题，老师使用移动平台针对学生学习问题给予指导，答疑解惑，受到了广大学生的一致好评。在初期就获得这样的反响对云平台来说是个不小的收获。

第二节　云课堂教学的困境及决策

一、云课堂教学的现实困境

2010年，《国家中长期教育改革和发展规划纲要（2010—2020年）》对教育改革的发展做出了充分详细的计划。随着技术的发展和教师的不断努力，融合新技术的教育课堂频频在学校当中进行试点。在实验阶段，教师和学生以及信息技术人员都面临着很大挑战。

（一）教师：从线下传统课堂教学到云课堂教学转向困境

首先对于教师来说，其面临的考验就是要跳出传统教学的思维，充分了解互联网，将传统的课堂教学转变为与线上的课堂并驾齐驱的教学方式。这对于一些不了解互联网的教师来说是一个新的考验。同时云课堂刚刚上线，有大量问题需要教师在教学当中不断去发现去解决。在教学之前，教师需要对云课堂的所有功能和每个具体信息都有一个详细的了解。同时云课堂的开展，也需要教师花费更多的时间在云课堂当中，这会占用很多课外时间，教师要习惯这样的节奏。

其次是教师自身要对云课堂的教学观念有一个积极的态度，要想让学生适应这样新颖的教学模式,并且积极加入到这样新颖模式的学习中来,自己就必须对云课堂有一个积极的学习和使用态度。改变以往传统的教学理念是关键。传统的教学理念中,教师过于习惯自己的主体地位,思想上会有很多的壁垒,而要想融入云课堂中,就必须要打破曾经熟悉的一些观念,习惯以学生为主体的云课堂教学模式。并且要在培养学生形成个性化学习能力之前,将自己变成可以进行个性化学习的人。同时云课堂对教师学习新技术的能力也有考验,因为云课堂的教学视频会涉及教师上传等工作内容,所以教师要充分学习,提前适应。

(二)学生:从现场学习到"云课堂教学平台"学习的转向难题

对于学生来说,因为学生对于网络并不陌生,对于网络媒体也能很好地适应,但是关键性问题在于学生的自制力不够。不论中小学生还是大学生,大部分学生都有自制力不强的弱点。所以如果想依靠云课堂来激发学生的自主学习是远远不够的。教师必须进行适当的指导和监督才能让云课堂起到真正的作用。在走访调查云课堂的作用当中就可以发现,学生虽然很容易接受云课堂这样的教学形式,但是在没有教师的情况下,学生并不能够自主配合进行学习。甚至有的学生在没有教师监督时,会通过手机或者 iPad 进行其他娱乐活动。其次就是云课堂的虚拟性在学生长期的使用过程中,会造成学生之间缺乏交流,学生沉溺于网络交流,导致实际交流能力差,影响学生之间的关系等。这就需要教师进行实时调节。第三就是云课堂的广泛应用和大力实施,让很多作业和调查都通过网络进行,学生书写的机会减少,导致很多学生提笔忘字。并且过多的线上材料会增加学生的学习内容,让学生更有压力。如果不适时排解,会对一些心理承受能力差的同学造成影响。

(三)教学内容:由纸质教材到数字教材的载体转化症结

随着信息技术的发展,很多现代化教学形式都融入了传统课堂中,形成一种新型的教学形式。和纸质教材的封闭化相比,数字教材具有开放性和简便性,越来越占据优势。云课堂教学丰富的数字专业资源受到了很多教师和学生的喜爱,但是在这样的情形下,有些教育工作者担心长此以往纸质教材会被数字教材所取代,或者说将数字教材和纸质教材相互融合才更长远。

（四）教学媒体：从辅助教师教学到辅助学生线上学习的转换挑战

教学媒体从辅助传统教学课堂开始,教学课堂的氛围就变得更加活跃了,学生与教师之间的交流也变得更多了,学生对教学内容的兴趣也大大加深了。通过教师的启发引导,学生越来越能够配合教师进入课堂教学内容的主题中来。而"云课堂教学平台"的出现,更加充分地体现了这一点。不仅如此,云课堂还帮助学生在课下也能够与教师进行便捷式沟通,拉近了教师和学生之间的感情。云课堂为教师和学生之间搭建了一个学习中的社交圈,就如同大家生活中经常用的社交软件微信一样便利。与之不同的是,云课堂既能够有交流的便捷性,还能够具备开放性学习功能。

但在教师辅助学生进行云课堂的使用时,在加深了学生对学科的理解以及对教师的印象之外,教师的课后教学工作也增加了很多,这样一来对教师也形成了一种无形的负担。所以在具体的运行当中,教务管理者和教师都要去协调掌握好工作的尺度。

二、云课堂教学的实现路径

云课堂刚出现的时候,每个人都面临着不同的挑战,要想解决这些情况,主要从以下几个方面着手。

（一）培养信息化新型教师,增强教师云课堂教学适应能力

考虑到教师对云课堂的接受程度和接受能力不同,为了教师都能在短时间内掌握云课堂教学,对整体教师队伍进行云课堂教学培训是最可行的办法。一方面,在培训当中,可以通过专业人员的讲解培养教师的网络技术知识;另一方面,现在对教师的培训都有专业的技术手册,所以教师在培训之后自己也可以通过手册来进行学习。教师在掌握了基本的云课堂操作方法后,可以根据自身的学科来对云课堂的使

用进行整合处理,根据自身的学科特点和教学目标来进行教学设计。在教学设计上要做到:第一,选择适合云课堂呈现的教学内容。在云课堂的使用中,教师需要学会通过云课堂的平台来获取丰富的教学资源,再将这些丰富的资源进行整合,制作成 PPT 或者是视频来方便课堂教学使用。第二,灵活运用云课堂教学形式。在传统的教学课堂中穿插进云课堂的教学形式,促进学科教学目的的快速达成。第三,要通过云课堂对学生的学习进行客观性评价。做到这三点才能让教师在掌握了云平台课堂的教学技术后,运用云平台教学技术增强学生对云课堂的适应能力,帮助学生通过云课堂树立自主学习的观念,并且养成自主学习的习惯。

(二)严爱相济,强化学生线上学习的自觉性和学习心理关照

教师要想强化学生云课堂学习能力,首先就要建立起完善的学习评价制度,对学生自主的学习进行考核和监督,促进学生自主学习能力的形成。目前很多高校的云课堂平台之所以效果不尽如人意,都是因为缺乏评价和监督机制所导致的。学生的自制力不提高,云课堂的作用就不能充分发挥出来,当然也就没有学习效果可言。所以教师要建立起一个严格完善同时又人性化的监督管理机制。在保证学生可以进行学习的同时,也能够让学生感受到云课堂平台带来的欢乐,让学生开始真正喜欢加入到云课堂平台的自主学习当中。在长期的自主学习当中,学生的自制力就会显著提高。在具体的建立方法上,可以采取为学生建立电子档案考核的方式,将学生的实时学习动态和数据都做详细统计,来为学生进行考核,督促学生自律学习。

除了建立完善的监督制度外,对学生进行心理教育非常重要。针对学生的心理问题进行在线辅导,帮助学生从心理上对云课堂平台产生认同,并且关注学生的心理健康,鼓励学生多向教师进行在线心理咨询,促进学生有良好的心理状态来投入学习中。

（三）构建以纸质教材为主、数字教材为辅的教学方式，使教学内容形态多样化

在我国云课堂实行的现阶段中，云课堂的数字教材成了目前传统教学课堂中的宠儿。在教学课堂改革当中，如何依靠通过云课堂平台和传统课堂相结合，来形成适应学生"需求"也在教学目的和教学内容"限度"范围内的教学方式是教师一直探索的问题。首先对于纸质教材和数字教材的性质和优势教师就展开了充分的认证。最终得出的结论是，纸质教材是数字教材发展的基础，数字教材则可以在发挥纸质教材作用的基础上促进纸质教材的内容得到更多学生的认可，也可以供学生按照自己的喜好进行个性化学习。数字教材在一定程度上也为学生的书包进行了"减重"。

（四）加大师生课堂内互动、课堂外联动力度，提高学生云课堂学习有效性

要想让学生提高云课堂学习的有效性，教师首先必须要创新教学方式，让学生充分利用云课堂教学模式与教师进行沟通。教师在了解了学生的需求和心理后，结合教学内容来创新教学方法，让学生得到激励，开始主动努力进行云课堂的学习。在一定程度上来说，云课堂教学也为教师的教学创新提供了很多便利。翻转课堂教学模式就是很成功的一个创新教学模式，教师不妨多多尝试翻转课堂教学模式，并且在教学过程中不断总结经验，创新出更适合自己所教学生的翻转课堂教学模式。翻转课堂教学模式可以从课前、课中到课后实现师生之间的交互，极大地活跃了师生课堂内的互动和课下的交流。其次是云课堂辅导教师团队的建设和组建，云课堂的出现也增加了教师的工作量，所以教师要组建一个专业团队来协调工作，减少个人的工作压力，大家一起协同合作，共同完成好教学任务。团队既能够帮助学生高效解决问题，促进他们的云课堂学习能力提升，又能够让每个教师的压力都得到缓解，促进教师和学生的双重发展。

第三节　云课堂与传统课堂教学目标关系构建

一、云课堂教学内涵

云课堂教学平台是信息化教学的重要形式。以云计算技术和IPv6网络技术为研究基础开发出了云课堂教学平台。移动终端成为云课堂教学平台的载体,作用于教师教学与学生日常的学习生活中。云课堂教学具有强大的交互性,也就是说,学生对学习资源可以自由选择和任意阅览,教师通过这样的交互性强和资源强大的平台,可以充分展示备课和优化教学设计的优点。并且,云计算技术和IPv6网络技术让云教学平台打破了以往传统课堂需要受到时间和地点限制的壁垒,云教学平台的功能和服务都更加多样灵活,建立了一个不受时间和地点限制的空间课堂。传统课堂与线上的云课堂联系起来,形成了线上线下相结合的创新教学模式。云教学平台的技术开发让翻转课堂也开始广泛普及起来,翻转课堂让学生充分利用课余时间在"云课堂教学平台"上对教师安排的教学内容进行学习。如此一来,教师在课上的教学时间可以充分帮助学生深度理解知识,在课下时间教师也可以根据学生的个性和需求来为学生进行针对性辅导教学。有了信息技术的支持,云课堂教学变得更加丰富多变,也变得更加符合用户的需求,增加了用户与平台之间的黏性,也增加了教师与学生之间的交流和互动,推动了信息时代下教育的发展。

二、云课堂教学的特征

信息时代教育改革的第一步就是要改变当今教育系统的结构。也就是说云课堂教学要改变传统教学系统中的四个要素的地位。

(一)教师:多元角色充分体现

教师是具有多元化角色的职业,教师被赋予了很多期望行为,整体来说教师的多元角色包含了教师的实际角色和期待角色。由于目前信息时代的发展和教育的发展,信息时代下的云课堂教学逐步成为课堂教学不可分割的一部分,成为学生生活、学生个性化学习、教师备课、师生交流的一个必不可少的工具。云课堂教学个性化的学习方式得到了普遍好评,也让教师的角色定义发生了改变,主要表现在以下方面:

首先在教师的角色上,人们开始注重加强教师学习指导者和促进者的角色身份。学生在利用云课堂教学平台的教学视频进行自学的过程中,可能会遇到很多的问题需要与教师沟通,这就要求教师要充分发挥学习指导者的角色,利用课下时间对学生进行耐心的指导,加快学生养成自主学习的习惯。云课堂教学具有很强的互动性,教师需要充分运用云课堂教学的这一特性开展合作与探究学习的实践活动,不断激发学生的学习热情,指引学生的学习与合作方式,促进学生进行个性化学习。

其次是在教师的角色上,更强调了教师作为线上学习心理辅导者的角色定位。云课堂教学不仅仅只对教师的线上学习角色进行了约束,对学生进行心理建设也是教师需要做的工作之一。由此教师通过云教学课堂多了另一种角色,就是线上学习心理辅导员。学生课程前的预习、课中的练习以及课后的个性化学习都需要教师引导。要想让学生融入这样的虚拟课堂中,就必须要从心理上让学生接受,心理建设变得尤为重要。例如在云课堂教学中,有些学生对于线上互动的学习方式出现不适应的问题,或者一些学生过于依赖线上的学习方式和交流方式,开始出现社交恐惧心理。笔者在期末做过一个课程调查,其中针对"您认为思修课通过'蓝墨云班课'进行教学是否有必要?"这一问题,26%的同学认为很有必要,61%的同学认为有必要,13%的同学认为可用可不用。"您觉得妨碍您使用'蓝墨云班课'的因素有哪些?"32%的同学认为已经习惯传统的授课方式,19%的同学认为是占用手机内存,34%的同学认为上课过分依赖手机,15%的同学认为还有其他因素。这些都是需要教师注意的问题,要对学生进行定期的心理辅导和有针对性的心理建设。

其三,云课堂教学让教师也获得了另外一种角色,那就是校外声音的倾听者。云课堂教学让教师不仅能够听到课外学生的反馈,也能听到一些来自校外学生的反馈或心声。所以教师就获得了这样的新角色,就是校外声音的倾听者,在教师听到这些来自校外学生的反馈或问题时,教师需要及时对学生的心声进行回应,帮助学生解决问题是教师义不容辞的责任。这样的共享方式和交流方式,也为学术交流和教育发展提供了良好的土壤。

(二)学生:学习方式个性化和终身化

随着社会的发展,教育者越来越认识到素质教育的重要性,也意识到了每个学生都有不同的认知方式,差异化教学才能让学生获得更好的发展,同时也能够增强他们的创新能力。所以一直以来,教育工作者都在为个性化学习而努力,云课堂教学的出现,则改变了以往教育工作者在这方面探寻上的艰难困境。云课堂教学真正从尊重学生个性化学习的角度出发,多元的服务模式和资源共享以及师生互动,都符合学生喜欢的个性化学习方式。比如云课堂教学在知识呈现方式上灵活多变,充分适应了不同学生的信息加工习惯,丰富的视频资源增强了学生的学习动机,弹性化的学习步调更适合高校学生的学习。云课堂教学资源也有利于学生拓宽学习空间,树立学生终身学习的观点。

(三)教学内容:丰富和开放化

云课堂教学通过信息技术让课堂教学变得有趣味性,也让学科知识呈现的方式更加能够满足不同学生的需求,增强了学习个性化的建设。同时,云课堂教学平台的开放性也更加有利于学生的个性化学习。无论本校学生还是其他学校的学生,都可以通过这样的教学平台进行自主学习,更加推进了学科教育的发展。

(四)教学媒体:辅助学生线上学习的功能凸显

第一,教学媒体可以辅助学生进行主体性学习。在线下课堂,教师也可以运用云课堂教学平台对学生的学习进行辅助指导,增强学生的参与性。这样就实现了教师无论在线上还是在线下都可以对学生的学习进行辅导。并且在线上辅助学生时,更加有助于学生自我教育意识的激发,提高自己的约束能力,促进个性化学习。

第二,教学媒体为学生提供了多样化的学习体验。学生在运用云平台教学课堂中,可以体会到不同于传统课堂中的感受。相较于传统课堂,云课堂广泛获得了学生的喜爱。流畅的界面和美观的设计,都让学生享受到了极佳的用户体验。并且在云平台,只要轻轻一搜,各个学科的各种资料和文献都可以查得到。方便快捷的资源查阅,让学生更加喜欢上自主学习,也更容易让学生在云平台中与其他人进行学习交流和提出自己的观点,更加促进了个性化学习的发展。

第三,在云课堂教学中,教师可以充分利用云平台教学的交互性特征,多多开展分组讨论和虚拟生活情境的实践学习,让学生感受到云平台的现实性,防止学生出现过分依赖线上平台课堂而忽视了线下课堂和实际生活的情况出现,帮助学生正视云课堂教学的作用和意义,正确运用这样的开放平台,避免一些心理问题的形成,改进学生对云课堂教学的认识。

三、云课堂教学与传统课堂教学目标关系构建的关联性

(一)学生与云课堂教学的关联性

云课堂教学的方式有两大阶段,一是课前自主学习阶段,二是课中合作探究学习阶段。如果教师不能够设置详细的教学目标,在教学过程中就很难实现理想的教学效果。所以在云课堂教学过程中,要充分以学生的需求为中心,结合学科的特点,结合社会实际来制订详细的教学方案。

(二)教师与云课堂教学的关联性

教学目标设计的优劣直接影响了教学效果。教师作为教学设计的主体,要深刻理解与掌握学科的教学目标,仔细思考如何将这些教学目标通过系统的教学设计来实现。教学目标设计对教学效果起着指导性作用。尤其对云课堂教学效果来说,在课堂上教师的教学目标设计,以及教师对云课堂教学平台操作的掌握程度,都直接影响着云课堂的教学效果,这就要求教师要具有更高的专业能力和对信息技术掌握的能

力。只有这样,才能让云课堂的教学呈现出最好的效果。教师将课程目标完美融入课堂教学设计中是实现教学理想目标的关键。

（三）课程与云课堂教学的关联性

云课堂教学与课程之间必须要有适切性,才能够发挥云课堂课程教学作用的。教师应该在学生通过云课堂教学学习之前,仔细查看学生所看内容是否符合教学内容,并且要注意把握课前学习的难易程度和学生的接受能力。在线下实体课堂中,教学内容要充分和课前学生所学习的内容相吻合,在学生课前学习内容的基础上,加深学习内容的难度,让学生的自主学习效果得到升华,由此达到教学目的。

四、云课堂与传统课堂教学目标关系构建

教学目标是一切教学方法和教学过程的思想指导。也就是说,在教学过程中做的任何努力,都是以教学目标为中心的。对学生来说,教学目标也是学生学习的中心。所以在教师教学中,以及云课堂教学过程中,都不能因为想要吸引学生的注意力而偏离教学目标。在教学行为中出现为迎合学生的喜好而随意设置的内容,这样不符合教学目标的教学过程是需要避免的,也是新型课堂教学形态出现后,想要进一步发展必须要做到的一点。所以教师在教学当中,应该充分将云课堂教学的目标和传统教学目标相整合,实现云课堂教学和传统课堂教学的最终教育目标,让学生有所收获。

（一）传统课堂教学目标设计的现实困境

在教育部出台的教育课程改革政策中,对高校教育提出了三点要求,要求教育目标实现对学生进行知识与技能、过程与方法、情感态度价值观的教育。这三点成了教育目标的三元素,也明确了高校教师的教学理念,避免了在以往的教学目标设定中,很多教师出现的定位不合理、设计不清晰的现象。然而,在教学目标设计和实际教学过程中难免出现难以执行的现象,有以下两方面的原因:一方面,在教师的探究性上来说,很多教师都没有认真仔细探究课程标准和课程内容。这也是出现上述问题的关键原因之一。而课程标准对于教学目标的确定是关

键的一环。教师无论在线上教学还是传统教学中,没有仔细探究课程内容和课程标准,就无法完成教育目标的可行性教学方案设计。在教学探究上的缺失和在细节上的忽略,都成为造成上述现象的一个原因。另一方面是教师不能准确把握课程整体的目标。对整体上的课程目标把握太弱,没有大局观就导致了课程目标设计不能实现。

(二)云课堂与传统课堂教学目标关系阐述

教学目标是需要教师通过对学生的实际情况与课程内容来共同确立的,并且确立出的教学目标,必须是能够通过线上、线下课堂教学实现的,能够适应学生发展需要的。这样确立出的教学目标才是真正有意义的。以下通过运用云课堂教学方式来进行具体验证。

以高校思政教育《思想道德修养与法律基础》第一章"人生的青春之问"一课中的教学设计为例:

1.确立章节的教学目标

(1)理解人生观的基本理论;

(2)能科学看待人生的根本问题;

(3)能正确认识个人与社会的辩证关系;

(4)学会思考和规划人生,养成积极向上的人生观。

2.设置与教学目标有关的情境来导入课程内容

(1)选择林俊德将军的案例,案例是一个较长的文字版本;

(2)通过"蓝墨云班课"以网页链接的方式上传案例资源;

(3)组织学生利用手机在规定的时间内查看案例资源。

3.检测阅读案例的效果

(1)根据教学知识点和案例详情提出问题;

(2)利用"蓝墨云班课"随机分组,组员之间讨论问题并上传至"蓝墨云班课"平台;

4.根据各小组问题讨论结果,逐步引导学生进行深入分析,针对学生的讨论情况进行思维和价值观的指导

(1)梳理知识,进而对问题进行归纳,针对各个小组讨论完成的作业来进行评论。

（2）加入教学内容的情境选择，有目标有针对性地查看学生的理解能力，了解教学效果，查缺补漏。

5.普及人物成长的时代背景，促进学生感悟时代精神，让学生投身到时代中去实现自己的人生价值

以上教学设计和教学目标的确立都说明，教师是教学目标实现和教学设计的主体。教学活动的开展及教学效果的好坏，都可以直接体现教学目标是否合适。从上述教学目标设计中可以发现，无论传统课堂还是云课堂教学，都要遵循传统课堂中设立教学目标的三元素。逐步导入、循序渐进是一种必要的过程。而云课堂教学方法则在很大基础上改变了传统的三元素融合过于单一的缺点。云课堂教学在教学目标中增加了多元化元素，对学生的个性化学习培养目标有很大益处。不过云课堂平台与传统课堂的融合，需要教师付出很多时间学习和钻研。在实际教学过程中，很多教师都存在这方面的不足，对于信息技术平台的运用和与传统教学课堂的融合是所有教育工作者都需要加强的方面。

（1）传统课堂教学目标是云课堂教学目标的基础

云课堂教学目标和传统课堂教学目标的关系一直被众多教育学家所讨论。云课堂教学目标是以传统课堂的教学目标为基础的，云课堂教学为传统教学提供目标上和教学方法上的补充。例如在高校理工类课程的教学当中，教师为了达到传统教学目标，会利用信息技术进行现场演示和现场实验，让学生更加直观地观察，在实践中培养学生的动手能力。

（2）云课堂教学目标是传统课堂教学目标的生长点

云课堂教学目标与传统课堂教学目标关系得以确定还因为云课堂教学是信息技术与传统教学的融合。云课堂是在传统课堂教学内容的基础上，通过信息技术优化传统课堂的教学模式，而开发出的适用于信息时代的平台系统，是为了更好地发挥传统学科教育的优势。云课堂教学是传统课堂教学信息化的产物，是在信息时代下，传统课堂教学模式的创新。这一理论在云课堂教学的两个特点上已经得到印证：一方

面,云课堂在学生知识目标培养上,教师情景导入都以教学内容为主;另一方面,在课堂小组讨论中,教师也引导学生以传统教学内容为主,只是通过云课堂平台的形式进行讨论。

(3)云课堂教学目标与传统课堂教学目标相辅相成

二者之间形式上不尽相同,而实际作用却相辅相成,彼此互相促进。在传统课堂中,以往一些操作性较强的学科因为条件的限制,很多操作不能在课堂当中一一实现,只能凭借教师的书面讲解让学生想象。而现在,教师为了让学生直观地看到这些操作,就可以运用云课堂来讲述。教师可以录制演练和操作的视频供学生观看,也可以从网上搜集相关的操作视频给学生观看。而且开放性的云课堂教学增强了校际之间的对话交流,教师有着更为广泛的引导渠道和教授渠道。

第四节　基于云课堂的混合式教学模式设计

一、基于云课堂的混合式教学模式设计

目前高校的教学模式都是由传统教学模式和云课堂模式结合组成的混合式教学模式。一般来说课前的学习阶段和课后的复习阶段都是教师通过云课堂来实现的,课中则还是传统的教学模式为主。

(一)课前学生自主学习

在课前让学生自主学习时,教师需要将所有的课程内容和需要学生了解的资源整合好,提前发布出来,同时要引导学生针对自主学习中不懂的问题进行讨论。教师必须在云课堂教学中做到充分参与到学生的讨论中去,督促学生在云课堂论坛中针对学习内容来谈自己的感想。教师也要在学生发表感想后对学生进行及时回复,或者再在组内积极开展师生之间的大讨论。这样做有助于了解学生的学习情况和心理、思想,也促使教师及时调整教学内容。课后,教师可以通过云课堂看到学生的回答,第一时间看到自己的教学反馈,有利于提高自己的教学水

平。同时教师也可以在云平台了解一些学生的重点难点,在之后的教学中加强相关重点难点的讲解,有助于提升学科的教学效果,也促进了学科教育的发展。

（二）课中学生课堂研讨学习

在进行课中教学时,传统教学模式在这样的教学当中,需要注意到四个环节上的细节问题。第一,教师需要在课前整理好学生自主学习的情况,通过云课堂中学生的学习情况来查看学生在自主学习中遇到的难点和概念的模糊点,在课中进行集中讲解。这样就更能让学生集中注意力,对教师的教学也更具有指导性,教师可以真正基于学生的需要来调整教学方式和教学节奏。第二,教师通过云课堂可以在课前和课后进行双向交流,在交流过程中深刻了解学生的心理和对学习内容的掌握程度。在之后的教学过程中,教师就可以更有侧重地对学生进行指导和教育。而且有了云课堂的铺垫,教师开展小组讨论时,学生的积极性提高了。第三,教师通过参与学生的讨论,更能了解学生的想法,学生也更能将教师的讲解放在心上。教师和学生感情增进,也就增进了学生对教学内容的认可和在思想上的认同。第四,教师对学生的情况进行归纳和总结,根据学生的具体情况来进行云课堂课后任务的布置。通过云课堂可以随时随地查看学生学习任务完成情况,积极展开与学生交流,帮助学生培养出自主学习的习惯。

（三）课后学生巩固学习

课后学生的巩固学习是非常重要的步骤,温故而知新,想要掌握好一门功课,并且能够在这门功课上有建树,温习功课是很必要的。所以云课堂教学平台也很重视课后学习。对于思想政治教育课堂来说,在云课堂课后巩固这个阶段中,学生的任务是通过翻阅大量资料开展对相关话题的讨论,并且讨论的感想或感悟都要以作业的形式发布到云课堂作业模块中,以便教师可以一一查阅,针对学生的感悟和感想进行一对一的思想指导和全面批改。

二、基于云课堂的混合式教学模式的优势

将传统教学模式和网络教学模式融合在一起的云课堂混合教学模式有很多独特的优势。

(一)有效互补单一在线学习和传统课堂学习的缺陷

将网络在线学习平台应用到教育领域中是一种跨领域的尝试,也是教育发展的必然。即使网络在线学习平台有诸多优点,但一味地运用单一的学习方式来发展教育也注定是过于片面的。在全球范围内,这样的应用因为过于单一,出现问题也不能避免,所以在线学习和传统线下学习相结合才是教育发展的大势所趋。因为对于一些自我控制能力差的学生来说,学习效果是无法估计的。所以在现代的教育当中,线上教育虽然有诸多优点,但是我国仍然没有大力提倡和普及只通过线上平台来学习的观念。而传统教学模式存在的问题也可以说众人皆知,那就是在传统的教学当中,很难做到如今的以学生为主,尤其是在高校思想政治课上。因为教学内容的繁多,以及班级人数过多,教师无法做到顾及每个学生的感受,进行个性化教学。在传统的教学模式中,教学实践受到场地和时间的限制,教师主要以教学内容来开展知识点的讲解,无法保证与学生进行大量互动,也无法增加教学实践来帮助学生提高社会实践能力,很难做到让学生综合发展。

云课堂的出现为传统教学模式增添了不少的活力。增加了师生之间的互动,同时也为学生的自主学习提供了大量的资源,也帮助教师进行了资源整合。将云课堂与传统课堂教学模式结合起来的混合式教学模式弥补了两者的缺点,也发扬了两者的优点。一方面,混合教学模式在给予学生开放性学习环境的同时,辅以教师的监管,让学生的学习进度能够得到合理的安排和指导这样也有效约束了一些自控能力弱的学生。另一方面,学生在自主学习当中出现的问题,教师可以在线解决,或者在课堂中帮助学生解决,师生之间可以不受传统的课堂教学模式限制。教师开始真正地将学生需求放到主位,引导学生养成自主学习的好习惯,形成自我约束能力,学习效果更加显著。这也进一步加速了

教育改革的进程,更加推进了以学习者为中心的教学方式。

（二）支持多样化的教学方式

传统教学方式让学生一直处于被动学习的位置。在网络媒体教学广泛开展的形势下,很多学生也还是没有转变这一思想,依然要依靠教师的督促来进行学习。这并不符合教育的目标,所以现在所有教育工作者都在不断地通过不同的教学方式来帮助学生养成自主学习的习惯,帮助学生走出固有的舒适区,真正开始学会自主学习,尝试在遇到问题时学会用发散思维自己来解决问题。只要真正培养出学生自主学习的精神,就能够解决一些学生出现厌学、学习效果不理想的情况,这也是如今混合式教学盛行的主要原因。因为混合式教学恰好可以帮助学生进行自主学习,同时也可以将传统的教学内容和云课堂平台的自主学习相互融合起来。长期的实践教学证明,混合式教学的效果还不错。虽然在细节上还需要改进,但是整体上来说还有很大的上升空间。

利用云课堂的便捷,在传统的课堂教学中,教师可以通过云平台发布讨论内容,让学生都加入讨论组中来,增强学生之间的思想交流,在不同的思想相互交织中来完成对知识内容的学习。在课后教师也可以通过云课堂发起话题讨论,为调动学生的参与积极性,教师可以充分将热点新闻与教学内容联系在一起让学生参与讨论,并且也要实时分享自己的心得体会,活跃讨论组的氛围,引导学生不断获得进步。

在混合式教学模式中,教师在课后可以让学生以个人或者小组为单位来完成一些任务,帮助学生在互动和讨论中真正了解教学内容的含义,达到教学目标。

（三）充分发挥教师的引导作用

混合式教学模式的运用,需要教师能够充分发挥引导作用。在混合模式教学下,教师的主要角色从传统教学模式中的知识传递者,转变为混合式教学模式下的知识引导者,看似教师的主体中心功能被减弱,实际上是教师的作用被加强了,教师的工作量和工作要求也进一步被加强。教师可以整体调控学生的学习进程,在充分保障学习者时间自由的基础上,教学资源的设计与管理也变得自由化了。云课堂平台在教学资源上也为教师提供了强大的数据库,方便了教师查阅资料。对于学生来说也是如此,学生可以在云课堂平台中获取众多专业资料,节省了很多在传统学习当中查阅资料的时间。而且学生在忘记了课堂教师所讲内容时,也可以通过云课堂教学平台上教师上传的过往教学视频和课件来查看知识点和难点,方便了学生的巩固学习。如果有一些不能通过自主学习解决的问题,学生可以通过云平台来询问教师。这样就保证了学生有问题可以得到及时解决,增强了学生的学习信心。这样的便捷交流,也让教师可以根据学生的不同心理状态和思维方式进行针对性教育,促进了个性化学习的发展。在线的频繁交流增强了学生对教师的信任,也就使得在实际的课堂中,学生更加喜欢听教师讲课,开始从行动上接受教师传播的思想。

(四)教学评价更真实地反映学生的学习效果

混合式教学改变了以往传统单一的教学模式,改掉了教师不能第一时间获得教学反馈的弊端。而在混合式教学模式下,教师可以直接获得学生一系列的教学反馈,可以在更加了解学生的学习情况的基础上对学生进行全方位评价。这样的评价可以从课程开始之前延续到课程结束后。课程开始前教师可以通过云平台学生的自主学习情况来获得诊断性评价;在课程进行过程中,教师可以通过云课堂学生的练习记录和讨论记录来做出过程评价;在课堂教学结束之后,通过学生的课后巩固情况和任务完成情况来对学生的课程学习进行整体评价。同时,教师也可以多多鼓励学生互相评价。混合式教学模式的发展,让教师对学生的评价不再单一依靠过去的期末成绩来完成,也不是都在期末一起进行评价的,而是将教学评价分散于每个课程之中,这样就会更加激励学生学习,也有助于提升学生的学习效果。

高校教师通过运用混合式教学模式,将云课堂的优势和传统教学模式的优势都充分展现出来。教师在教学时能够通过云课堂来全面地了解学生的学习情况,对开展传统教学有指向性。教师结合云课堂的灵活性,可以更加吸引学生认真钻研学科,专注于学科的学习。并且通过云平台,学生可以根据自己的喜好和适合自己的学习方式拓展知识面,而学生之间思想的碰撞也拓宽了他们的思维面,有利于学生提高分析问题,解决问题的能力。教师在混合式教学中,不仅仅起到了知识传播者的作用,也起到了引导者的作用。

第五节　基于网易云课堂的 SPOC 翻转教学模式设计

一、网易云课堂的 SPOC 翻转教学模式需求

（一）SPOC 概述

小规模限制性在线课程英文简称 SPOC（Small Private Online Course）,是基于大规模在线开放课程（Massive Open Online Course,简称 MOOC）研究出的新型在线学习模式,其中英文的"Small"指的是控制学生规模范围在几十人到几百人;"Private"指的是对学生的准入条件设置限制,只有符合准入标准的学生才能够加入学习相关课程中。所以小规模限制性中的"Small"和"Private",和大规模在线开放课程 MOOC 中的"Massive"和"Open"是相互对立的。二者是对应的,截然相反的标准。在 MOOC 平台中学习者可以随意根据自己的学习意愿和个人兴趣选择国内外的免费性开放教育资源,进行个性化学习,并且可以获得学分认证。MOOC 的开放性和分享性让很多人受益匪浅。不过这不代表它没有缺陷。第一,MOOC 平台的评价过于局限在客观层面,难以了解学生的主观情感和学习习惯,让教师无法根据平台来全面评估教学状况。第二,MOOC 平台的开放性课程有些单一,不具有多样性,一对多的内容不能体现个性化需求。第三,MOOC 的教学形式偏重于人文学科,并不适合于理工类和实践类学科。SPOC 模式的特点在于,它的目的是将整体的课堂内容进行分解学习。SPOC 将一些环节的教学内容分解开来,转移到线下让学生进行自主学习。在线下,也就是传统课堂上,教师以与学生进行互动为主,烘托课堂氛围;SPOC 的优点还在于始终以学生为主,各个教学环节都充分从学生的

需求上出发,更凸显了以人为本的思想。SPOC 为个性化学习的教学目标起到了推进作用,也为个性化学习的教学模式提供了具体环节的模式设定。课下自主学习、小组分工协作、课上交流汇报等形式都是个性化学习的体现。

SPOC 的本质就是融合了传统课堂与 MOOC,具有两者的优点,同时也避开了两者的缺陷。这样的创新模式为教学结构流程的再造、学生个性化学习差异的培养、学生个性化学习习惯的养成,以及实现分享优质教学资源等优势提供了良好的理论依据和教学模式,为广大教育工作者提供了一种新颖又实用的教学模式。

(二)网易云课堂的特征分析

在 MOOC 课程理念的兴起和实施下,edX、Coursera、Udacity、学堂在线、网易云课堂等一系列在线开放课程网络学习平台也应运而生。2012 年,我国的网易云课堂正式对外开放,这是我国第一个网络在线学习开放平台。网易云课堂是网易旗下的在线教育平台,其创立主旨是帮助学习者学习实用技能。为了让学习者实现更好的学习,网易云课堂为学习者提供了大量优质的学习资源和数据,且学习者可以依据自己的个性选择课程。

网易公司除了网易云课堂以外,还创建了 MOOC 等诸多教育产品,每个产品体系都针对不同的用户需求来运行。网易课堂不断发展,也积累了一系列的经验,为网络教育平台的发展奠定了一个良好的舆论环境,为之后的网络云课堂教学与教学课程的结合做出了理论的奠基。

(三)两者结合的必要性分析

SPOC 将传统课堂教学与 MOOC 的大规模在线开放课程学习的优势结合在一起,就说明了 SPOC 必然会具备两种教学模式的特性。同时 SPOC 也具备自己的独特特性,其特点首先在于用户群体是一些特定的、小规模的人。其次,SPOC 在基本教学形式上以传统课堂为主,在课堂中加入信息技术、多媒体设备等进行辅助教学。SPOC 的教学模式有利于帮助学生实现个性化学习,找到适合自己的学习方式,在一定程度上开始将优质教育资源进行开放。SPOC 通过线上的资源共享帮助提高学生的自主学习积极性，让传统课堂教学也更加灵活多样，让学生更加有热情进行学习。SPOC 是最新的教学模式，又叫作翻转教学模式，将线上的课堂教学与传统课堂教学结合在一起，既能充分利用网络资源的优势共享，又发挥了传统教学课堂中可以直接面对面对学生进行督促学习的功能。具体来说 SPOC 有以下几方面的优势：

1. 优质学习资源的整合

网易建立的云课堂，重金聘请国内专业学者打造出国家级精品网络课程，课程之间内容连续并且逻辑顺畅，便于广大网友学习。网易云课堂不仅对教师资源进行了优化，使优质的资源真正通过网络来传递给全国各地的学生，也促进了专业教育的发展，以及教育公平的实现。

2. 个性化和完整的学习体验

网络在线云课堂增强了师生之间的交互性，也同时促使学生之间针对学科课程进行讨论，调动了学生学习的主动性。总结来说，网络在线云课堂为学生提供了线上的学习体验和开放式的学习环境，让学生切身体验到网络学习的便捷和现实性。并且通过网络在线云课堂，学生可以找到适合自己的学习节奏和学习模式。

3. 增加师生互动交流的机会

网络云课堂帮助学生找到了与教师多沟通交流的途径和平台，也为教师了解学生的思想找到了好的渠道。这样，师生之间的思想碰撞促进了教师专业能力的提高，也促进了学生对课程内容的把握，以及对专业课程的深入思考。同时，网络云课堂也更能促进教师与学生在传统课堂中的针对性沟通和及时性沟通。在日常的网络云课堂平台中，教师可以充分利用这一平台的便利，建立相关群组和社区，鼓动大家一起参与到学习和讨论当中。作为思想政治教师，帮助学生树立良好的三观是其义不容辞的责任。在云课堂平台中，既然能够充分发挥思政教师的作用和价值，思政教师就该充分把握这样的机会，将实际的课程内容与网络平台上的内容结合起来，做到寓教于乐。在认可了思政理论后，学生会更愿意将理论思想化为具体的实际行动，传统课堂和网络课堂就实现了充分互补,同时也在互相促进。创新混合式的教学模式发挥了其时代性作用。

二、SPOC 翻转教学模式的教学要素设计

教学设计是实现教学目标的途径。所以教学设计的重要性可想而知,教学设计并不是简单地备课,具体来说教学设计具有强大的系统性。一个好的教学设计要将各要素关联起来,形成一个完整的体系,将教学要素巧妙地联系实际并设计出合理的教学过程是关键。

(一)教学目标的有序设计

教学目标的实现是需要由每个细小的课程目标达成来实现的。所以说每个教学目标的实现联系在一起,才能够实现教育目标的达成。

1. 明确教学目标,注重呈现次第

在教学目标的呈现上首先就需要充分调动学生的热情,为学生建立起一个可以达到的目标学习期望,由此增加学生的个体主动性和主观能动性。第二就是在对教学目标类型的确定上,要查看好每一个教学目标下的多个课程目标是否具有逻辑性和连续性,能够引发学生进行一系列的学习。第三是教师利用云课堂平台充分发挥课前预习的作用,根据课前学生的预习情况来进行有目的的教学设计,以此来实现教学目标。

2. 逐步细化,重点突出

在思政教育当中,有一些偏难的章节。教师应该对这些章节进行一步步分解,逐步帮助学生进行细化。在讲解当中也要注意从逻辑顺序和层次上进行重难点的突出,让学生可以深入浅出地学习。合理分配好课堂教学的时间,也要充分利用好网络教学平台的时间,学会合理安排教学过程,让学生可以做到轻松学习,也让自己的教学工作量在网络平台云课堂的帮助下有所减少。

3. 以学生为本,关注需求

无论是在教学过程中还是在教学设计当中,都必须做到真正以人为本来开展。所以教师在设计当中,要考虑到所教学生的内在差别和

做出不同的教学设计，由此做到可以真正从学生的角度出发，来让教学的设计更适合于学生。让课程来适应学生，而不是一味地让学生适应课程。

网络翻转课堂帮助学生对传统的教学课堂进行改变，将复杂、偏于理论的教学模式进行细化，并且强化学生的主体学习能力和个体需求。在课堂上通过传统教学方式来讲述主要理论知识，再通过网络云课堂进行相关训练，让学生能够将知识理论化整为零，更容易接受一些抽象的理论知识，并且内化为自己的行动能力。

(二)教学内容的有序设计

网络在线云课堂的建设目的，就是为了向很多没有丰富资源的学生和学习者，提供一个拥有优质资源的平台。也就是说，网络在线云课堂最大的优点和初衷在于，为学习者进行资源教学和专业技术知识的分享。让现在的学习者不再受地域、时空甚至经济条件上的限制。只需要通过互联网就可以进行网络在线课堂的专业教育，并且可以获得一系列的优秀资源，与名师名家在线一对一交流，提高自己的专业水平或者是让自己重新学习一门知识不再是一件难事。

网络在线课堂的教学页面设计有主页区、笔记区与讨论区，三个主要的栏目。主页区详细为学习者介绍每个课程适应的人群，并且附有简单的课程介绍和目录供学习者参考选择是否适合这样的学科学习。在笔记区，顾名思义，学习者可以在网络在线课堂讲解时，随时随地在网上做笔记，方便之后的复习查看，并且自己的做的笔记也会被其他学习者所看到的，大家可以一起进行互动交流。教师在看到学生的反思笔记和学习笔记后，也会对一些学生出现的典型问题进行解答。增加了师生之间、其他学习者之间的学术互动交流，有利于促进自己的学习进步和对其他专业知识的学习。并且例如网易云课堂这样的网络课堂，在学习过后会有对应的专业证书颁发，更加大了学习者的学习热情。

（三）教学策略的有序设计

1.翻转课堂的教学策略有序设计

传统课堂学习环境存在着教学效果差、教学效率低、学生主动性弱的情况。不过在传统教学课堂和网络在线云课堂的结合下，翻转教学模式很好地改变了这一点。尤其在教学设计上，翻转教学模式更加注重有序性的教学设计。教师可以通过网络在线课堂测试的方式来检查学生在课堂当中的学习情况，再通过每个学生的作答情况来进行教学策略的改变，并且可以照顾到每个学生的差异，实现一对一辅导，充分调动起学生的主观能动性。

2.基于学生差异理念下的教学策略有序设计

每个学生的知识建构都是不同的，这也就是学生主体差异性。所以在学生展示自我的时候也有不同的方式。在教学设计当中，要充分考虑到学生们的主体差异性，进行有逻辑性地知识阶梯式传授。层层递进，才能够让学生更加理解，也能让学生更愿意参与到教学的活动和实践当中来，积极性不断增强。

3.基于评价反馈的教学策略有序设计

在教学设计当中，教学评价是不可忽略的一环。教学评价对于教学目标的达成有一定的理论指导作用。也对学生能否进行自主学习起到了关键性的作用。所以在教学过程中，教师要通过翻转课堂的教学模式充分观察学生的学习状况和心理状况，做出详细有针对性的评价，对学生的自主学习有指导性作用。能帮助学生更加全方位地看到自己的问题，也能让学生更清晰地认识到自己对知识掌握的程度，从而有目的地对自己的不足加以改进。这样才能够让学生对知识的掌握更加牢固，在不断地改正之中学会自己分析问题、解决问题，提高学习能力。

第六节　基于移动教学 App 的高职云课堂教学模式

移动互联将互联网带入了一个更加人性化的时代，这样的技术改革为每个行业都带来了改革的方法。教育行业作为人类发展的内驱力，必然需要适应时代的步伐，响应中国特色社会主义建设的号召，走在信息化技术改革的前列。信息化教育改革融合了多项移动互联网技术打造出了网络在线云课堂，并且将传统教学模式与网络在线教学模式相结合，探究出了新型的翻转课堂教学模式，走出了一条适合现代社会需求的教学模式。

一、高职院校云课堂现状

在教育改革下，高职院的教学模式也开始发生改变。在探索之初，高职院校开始用多媒体进行辅助教学丰富教学模式和手段。在教育改革不断深入，教育技术改革的难点被突破出现了网络在线课堂，进而打造出翻转课堂教学模式后，高职院校的教学模式也响应号召，开始进行了翻转课堂教学模式。在教学课堂上，不仅仅只依靠网络技术的多媒体资源进行教学，还将传统教学内容与网络在线课堂进行结合，让课堂变得丰富生动。不仅如此，网络在线课堂还能够帮助教师记录学生学习过程中的相关数据，为教师进行教学评估提供了有利条件。

在越来越意识到高职院校翻转课堂的重要性后，高职院校的教育工作者开始注重教育资源的分享。所以各个高职院校也着重加强了精品课程的建设，并在每个专业都建立教师课题组，教师开始集思广益加快精品资源的建设以及共享，丰富了网络在线课堂平台的资源。虽然高职院校在教育改革的路上不断进行探索，但是仍有一些不足的情况需要改进。例如很多高职院校教学过于片面停留在云平台的资源建设上，忽略了在线云平台的使用是否流畅和简单。各种课程的资源庞大，技术与课程之间的整合也有着很大的工作量，这就使得在开发应用当中,有些功能过于复杂而让教师和学生都会有些不适应。所以目前很多高职院校的网络在线云课堂都只是有几个精品课程可以实现这样的翻转课堂教学模式在其他课程上还是只停留在共享资源上,也因为复杂的操作不适用于课堂教学和平时学生的日常学习,导致使用率过低。为了避免这样的情况一再发生,高职院校教学管理部门应真正认识到这一问题,集合专业技术人员和教学工作人员进行沟通,携手解决这样的问题,让云课堂真正普及开来。

二、基于移动教学 App 构建的高职云课堂教学模式

现在一些高职院校开始在网络在线云课堂的基础上开发了移动教学 App。移动教学 App 更加适应当今的移动互联网大环境,进一步方便了教师和学生的使用。教师和学生只需要通过手机就可以使用云课堂,实时性更强。像"蓝墨云班课"这样的 App,具备了以往网络在线云课堂不具备的优点。界面上的功能显示更加清晰,并且让人简洁易懂又美观大方。在资源的共享上,移动 App 的兼容性更强,在资源查找和使用上步骤更加简单,用户操作的流畅度更好,这也是为什么现在广大师生都开始喜欢移动 App 教学的原因。移动教学 App 更加符合现在人们的互联网使用习惯。

虽然移动 App 教学具备了很多网络在线云课堂不具备的优点,比网络在线云课堂更加完美,但是也不代表移动教学 App 不存在任何缺点,即使再完美的科技也需要人为的操作才能够达到最好的效果。移动教学 App 只是为教学方法提供了一个良好的平台,帮助教学模式进行改变,提高学生的积极性。但是具体如何能够让学生开始更加喜欢上专业学习,并且如何能够高效率地提高教学效果,都是需要教师在具体的教学过程中不断摸索的。真正将移动教学 App 的优点融入教学中,变成教学效果提高的内驱力才是移动教学 App 的用途之所在。要想能够运用好移动教学 App,就需要教师了解移动教学 App 的优点和特点,来进行教学方法的探讨,具体来说,笔者认为移动教学 App 与传统教学结合,比较常用的教学方式大致有三种:

（一）以集体授课为主移动教学 App 教学为辅的云课堂教学模式

数据采集和分析能力弱，是传统教学模式当中长期存在的缺点。由于数据采集和分析能力的不足，就导致了教师没有办法对学生的学习效果进行了解。所以采用移动教学 App 部分功能，恰好能够弥补传统教学模式的这个不足。移动教学 App 凭借着自己先进的信息技术，能够帮助教师在进行采集了全面的数据过后，对数据进行详细分析。例如以往高职院校的公开课上，教师就对学生的考勤问题烦恼不已，因为班级人数问题，不可能每节课都进行点名。即使是点名也不可能每个学生的名字都点到，这样太过于占用课堂时间。本身对于思政课程来讲，知识点过于密集，课程时间有限。所以一些学生就利用这样的条件来逃课，让教师无法进行有效管理。而移动教学 App 中的签到功能，就解决了教师以往比较头疼的问题。App 签到可以让教师不再为学生的出勤所烦恼，一键签到可以实时显示学生的出勤状况。这样就杜绝了一些学生逃课的行为。在期末做成绩考核时，也有据可依，不用教师再像以往那样对每天的课程考勤都做记录，节省了很多的时间。关于学生在课堂中的表现，移动教学 App 也有考核依据，帮助教师进行课前、课中、课后一系列的考核评估，智能化凸显。

（二）以小组教学为主移动教学 App 教学为辅的云课堂教学模式

在高职院校的思政课堂中，以往小组教学或者进行讨论，都是不可能实现的教学模式。因为班级人数过多，教师没有条件来在一节课堂当中顾及每个小组的讨论结果，也没有办法来实时了解每个小组的讨论情况和学生的反应。而移动教学 App 的在线讨论功能就改变了传统教训模式的缺陷。教师可以通过移动教学 App 实时查看学生的讨论情况，并且可以同时看到每个小组每个学生的讨论情况，更有利于教学的开展。

（三）以移动教学 App 教学为主的云课堂教学模式

移动教学 App 的在线课堂主要就是针对教学来设计的。在课前可以帮助教师整理和收集资源;在课中,可以帮助教师收集学生数据,对学生进行考核和诊断性评价;在课后,更是能够帮助教师增进与学生的沟通,了解教学效果。

三、基于移动教学 App 的高职云课堂特点

移动教学 App 的便携性具备了六大特性:

(一)学习形式的移动性

移动教学 App 就是一个可以移动的互联网课堂,它不受教学场地和时间的限制,甚至不受网络环境的限制,只要缓存过资源就可以随时查看、随时学习。

(二)学习的泛在性、人性化

只要手机内或者其他移动设备内下载了移动教学 App,无论用户是否是在校学生,或者无论用户是什么样的工作情况和学习情况,都可以公平地查看平台内的所有资源,可以随时随地凭自己的喜好来开展学习,使个性化学习在移动教学 App 上淋漓尽致地展现。

(三)学习的碎片性

学习者通过移动教学 App 可以合理分配自己的学习时间,将学习内容化整为零,进行碎片化学习。

(四)学习过程的交互性

移动教学 App 在技术上和教育内容上都附与了学习过程更加强烈的交互性。

(五)学习资源的丰富性

移动教学 App 的云课堂教学资源更加丰富,并且更新速度快,信息获取的维度更加广泛,让学习者都不用为专业课程资源的获取而担心。

(六)信息传达的即时性

移动教学 App 的云课堂信息和平时手机 App 上的其他软件一样,每当有消息或者有资讯更新时,都会提示用户查收,方便用户阅读和浏览,不用担心遗漏信息。

随着信息技术的发展和时代的进步,教育对应做出改革势在必行。

在教学当中,要时刻把握住教育的时代性,并且时刻以学生为中心来开展教育工作。

第六章　高职思政云课堂教学研究

思想政治教育最近也在积极地开展与云计算的联合,云课堂就是其中的一个产物,而且还有像"班班通"这样的工程建设出现。接下来教育工作者和技术开发人员都在对云计算与云课堂的发展进行具体深化。"云课堂"丰富的网络资源让高校思想政治教师获得了便捷的辅助教学手段,同时对于传统思想政治理论课来说,课堂教学趣味性增强,也进一步推进了高职院校思想政治教育的发展。

第一节　思政云课堂技术

上文已经详细介绍过了云课堂的初步作用、功能及使用方法。思想政治云课堂也与其他专业的云课堂一样具备上述的多重功能,而本节将主要具体来讲述云课堂在思政课上的应用,以及云课堂对思政教育课改发展的意义。

一、"云课堂"技术引入思政课堂教学的必要性

(一)思政教学的实际现状分析

笔者作为一名高职院校思政教师,在以往的实际思政课堂教学存在一些过于偏重于理论内容,而不重注实践的错误。教学方法太过于单一,导致教学效果平平。而"云课堂"教学的出现就帮助笔者改变了这一问题。经过仔细学习,以及对学生的进一步了解,笔者开始以云课堂为主改变自身的教学方法,教学效果取得了很大的提升,学生的反馈也很好,由此可见思政课堂教学的重要性。

因为现在的学生都时时刻刻与互联网绑定在一起,学生已经习惯

了移动互联网与生活的联系,所以这样的云课堂教学方式更能受到学生的喜爱。思政教育开始以云课堂为载体,帮助学生学会自主学习,主动利用云课堂上的思政课程资源学习,并且进行独自探究,以及与其他同学展开探究,这改变了传统枯燥的教学模式,变成了现在年轻的大学生喜欢并且愿意接受的方式,真正做到了以学生为主体来进行思政课堂教学。

(二)"云课堂"对思政课堂教学的作用分析

"云课堂"的出现符合了教育发展的趋势,而且云课堂打破了传统的教育方式,不受时空限制与学习方法之间的限制,让学生和教师都可以将书本内容和实际生活联系在一起深入互动,为思政的教育发展做出了很大的贡献。

1.充分利用各种资源,激发学生学习思政的兴趣

在传统课堂中,教师也都会了解到教学效果的好坏与学生的反馈是成正比的。如果在课堂上学生没有对教师的讲述有任何的反馈,那么这节课就是失败的。即使有一定的教学效果,但是必定不是普遍对每个学生都产生了共鸣的。尤其当面对如今有着互联网思维的学生,他们更加崇尚自由,更加喜欢新鲜的事物,这样就不能再延续以往刻板的教学方式。云课堂可以充分调动起学生的热情,让学生对思政课开始感兴趣。兴趣是一切学习的开端。并且人本身对于图像的感官都更加直接,这也就让云课堂更能吸引学生的注意力。通过丰富资源的影响激发学生强烈的求知欲,从教学生学,到引导学生自主学习,一方面减轻了教师繁重的教学压力,另一方面也让学生更喜欢接受这样的授课方式,可以说是一举两得。

2.凸显了学生学习的主体地位,有助于培养自主合作学习的能力

思政课堂也同其他教学专业课堂一样,始终都要以学生为主体。云课堂的出现也充分帮助教师抓住这一点。云课堂改变了传统的学习模式,即先通过教师的讲解,再来学习。云课堂则是先让学生来进行自主学习,再让教师加以辅导,大大增强了学生提出问题,分析问题和解决问题的能力。而学生先进行学习不代表教师不需要做任何的管理工

作。教师需要引导学生提前了解学习内容,组织学生对新的课程进行讨论。云课堂在减轻了教师对复杂知识点教授的难度外,也对教师是否能够多与学生交流,多将精力放在学生身上提出了考验。

3.有利于及时进行课堂反馈,提高课堂教学的实效性

在用"云课堂"进行教学当中,教师可以在课后或者在课中为每位学生发出习题,让学生来作答。每位学生的完成结果都会在教师的客户端有所显现,这样来实时地对学生进行考查,也方便了教师针对学生的难点进行解答。这种方式具备超高的实时性,规避了之前在课堂中学生都反馈很好,但是在真正实践操作上却有很大出入的问题,非常有利于教师及时调整教学策略,提高了教学效果。

二、"云课堂"技术引入思政课堂教学的探索实践

(一)学习绘制思维导图,提升学生的思维能力

思维导图对所有教师来说并不陌生。思维导图可以很清楚地看出各个层级之间的逻辑关系,因此,很多教师都热衷使用。而思政教育本身知识点繁杂,在每个章节讲完之后,教师都会为学生列出一个清晰的思维导图来帮助学生将知识点捋顺。在传统课堂中,很多学生虽然记下了思维导图,但是还是会在一些难点上存在不理解的情况。云课堂则帮助这些学生解决了这个难题。学生可以通过云课堂,在手机上查看到自主实践研究思维导图的详细讲解和说明,必要的时候还可以查看详细的语音讲解和视频讲解,这样能够更直观地帮助学生来理解这些问题,也在很大程度上提升了学生对知识结构的构建能力。例如在"毛泽东思想和中国特色社会主义理论体系概论"的课程中,在为大家讲解中国特色社会主义理论体系框架时,教师可以在云课堂中提前推送一张自己规划好的思维导图。然后将讲解思维导图的具体视频都上传,留作学生之后查看之用。尤其在期末考试时,思维导图对学生复习起到了关键的作用。每章节的清晰思维导图,会让学生更容易总结以往的知识点,真正做到系统掌握思想政治观点和体系,对成绩提升有很大的帮助,并且这样也锻炼了学生的逻辑思维能力。

与此同时,对于一些探究性较强的教学内容,教师在预习阶段便将学生分成六个小组,由每组成员共同探究,合力在新课前利用手机完成思维导图的构建,并在课堂上将每组的成果通过云课堂技术平台,直观地在同一平面上展示出来,让学生自己比较并评判优劣,最后由教师来总结。这样,不仅能够调动学生学习的积极性,而且,久而久之,通过这种方式的训练,也大大提高了学生把握课堂的重点知识和框架脉络的能力。

(二)有效整合教学资源,激发课堂活力

云课堂促进了课程改革的加速,也让思政教育的资源不足情况得到了充分的缓解。云课堂海量的授课资源和学习资源让师生都得到了极大便利。同时在思政云课堂上的每个人都是资料的拥有者和贡献者,这样更能让学生感受到自身的价值。也让全国的思政教学资源得到了平衡,而通过云课堂激活学生的思维,调动学生的积极性,让思政课堂动起来就是教师需要做的工作。能否做到让课堂动起来,主要就看教师能不能将这些丰富的资源有效整合起来,将云课堂的作用发挥到最大。良好的整合能让学生产生良好的学习效果,培养学生终身学习的观念,也能让教师更好地达成教学目标。

例如在讲中国特色社会主义理论时,可以让学生通过云课堂来查询与中国特色社会主义理论有关的实践理论,让学生学会整合手中的各种资源来进行发掘思政理论的重要性。这样不仅传授了理论知识,也相当于为学生做了一次实践活动。

(三)注重及时的反馈和评价,提高课堂教学的实效性

反馈评价无论是在思想政治课堂中还是在其他专业课程中,都是十分重要的一环。这是教师教学成果的关键体现,也是对教师工作成绩的一种肯定。而要想将教学工作做到更好就需要教师在反馈当中多注意观察学生的态度,并且在云课堂中收集到的反馈信息都要仔细查看,仔细钻研自己哪里需要改进,哪里做得比较好,做到心中有数。不断改进自己的短处,发扬自己的优点,才能把教学工作做得更好,也能让教学效果更好,培养学生树立正确思想政治观念,同时在不断地教学

探索中,为高职院校思想政治教育的发展贡献出自己的力量。

"云课堂"平台中有很多强大的功能,也许有时候会被教师所忽视,但其实这些功能都有很大的作用。例如云课堂的广播、资源推送、分组讨论、在线测试、反馈评价这五大功能相互作用,刚好解决了在传统思政教学当中师生之间缺乏交流、互动不够的问题。同时凭借线上的便利,教师可以随时随地对学生反馈的评价进行回复,也可以随时随地对学生的作业或者习题和作品进行评价,让学生和教师之间的距离缩小。直接的评价能够促进学生的发展,学生直接的反馈也能让教师明确教学改革的方向。更清楚学生心中的难点问题,教师在讲课时就更具有针对性。而因为教师讲的都是学生想要了解的难点,也就吸引了学生的注意力,二者之间得到了充分的互动,也充分促进了二者的双向发展,推动了思政教学课堂的实效性建设。

例如在期末的复习课上,以往在复习课上学生都会很匆忙地记录考点和重点。由于一般来说思政课堂的班级人数都非常多,一些学生可能听不清教师讲解的内容。云课堂就改变了这样的情形。教师可以在复习课开始之前就将所有考点和重点都发布出来,让学生提前了解,在课堂上主要为学生对一些重点和难点进行再次的讲解,加深学生的印象即可。这样学生可以更好地理解,改变了学生以往思政课考试都是死记硬背知识点而没有任何个人理解。而且在课下或考前,如果有学生对难点不理解,也可以及时与教师沟通,教师也可以在讨论小组里和学生充分讨论,加深了学生对思政课的重视。

云课堂的加入,不仅仅是改变了思政教育的教学方法,也促进了思政教育的发展,为思政教育的发展指引了一条明确的方向。云课堂优化了教学方式,提高了学生的学习热情,也让教师可以及时接收到课堂反馈加以改进,为加强学生的思想建设提供了一个良好的平台。

第二节 高职思政课云平台的教师空间设计

一、教师空间的六大功能

(一)资源储备功能

教师空间需要有海量的信息储存库,并且要不断地为教师储存库输送丰富的信息资源,作为高职院校思政教师必须要不断扩充信息储存库,才能更好地服务于高校思政教育。

1.教师个人资料的储备

教师个人资料包括记录了教师的个人信息和所有工作信息。工作信息例如:工作日志、工作总结、心得体会、教学考核、学术科研成果等。教师的个人信息则是包括了教师的生活照片等私密信息。不过教师不必担心,工作资料和个人资料都有隐私设置,只有自己可见。如果其他人想要查看,必须要经过教师本人的同意才可以。

2.教学与学习资源的储备

课程资源、课程拓展资源及生活情趣类资源等方面都包含在教学与学习资源内部。具体来划分的话,课程资源、课程拓展资源及生活情趣的资源面向的主体都是所有大学生。可能其中会有一些个别的现象出现,但是一般来讲,这些资源的主体就是所有大学生。所以它所受到的限制也就是大学生。如果详细划分空间资源,那么可以从空间资源所具有的广泛性和便捷性上来划分成三种形式:原创型资源、下载加工型资源和链接型资源。

(二)开放式教学功能

开放式教学主要体现在以下三个环节:

1.教学准备

利用好教师储备空间。教师可以将每堂课的教学反馈、教学成果都储存在教师空间中,让教师空间更加丰富和全面。经过长此以往的坚持,教师可以根据这些储存的信息做总结,对每次的教学成果做一个全面的分析,在不断记录当中不断反思,进而提高自己的教学水平。

2. 教学实施

不断进行开放式教学,改变传统单一的、平面型的教学,将思政教学变得更加复合化、立体化和生活化。在开放式的思想政治教学当中,充分将现实教学与虚拟教学融合在一起。并且多配合一些实景教学,也多为学生播放名师讲课视频,调动学生互相讨论的积极性。打破传统教学当中的条条框框,改变以往传统教学中过于看重的时空观念。让教学课堂变得更加富有生命力。

3. 课后辅导

教师开放的空间减轻了教师在课堂教学中的压力,却增加了教师的课后辅导的工作量。教师在课后多用时间与学生对作业进行探讨,再对学生反馈回来的作业进行点评,这样一方面增加了与学生的互动交流,另一方面也能够真正将思想政治观点落实到学生生活当中,达到思想政治课程教育的目的,促进思政教育的发展,为学生呈现出一个真正陪伴他们成长的教学模式。

(三)开放式学习功能

开放式学习功能包括以下三个层面:

1. 教师空间要成为学生的学习园地

学生的学习园地既包含了本校就读的学生,也包括全国其他学校的学生。其中有很多校内学生也不是所教课程班级的学生,相比较于课程班级的学生更加直接地跟随教师的课程教学而进行逐步学习来说,本校包括其他学校的学生更加开放性地选择教师课程。根据自己的兴趣和爱好来到一些教师空间进行学习。这样就让教师的授课和学生的学习,都不再局限于课堂和校园内,而是开放性的,对任何学生都开放的空间。

2. 教师空间要成为本人及同行的学习平台

教师空间资源的丰富性和系统性让学生和教师都有很大受益。但是在这样的教师空间优势的情况下,教师也需要首先明确自己的任务,也由此确立了教师空间的位置和性质。首先教师空间是教师本身个人的学习与探究空间,教师从平台中获取资源来学习,并且通过自己的经验和知识将所有资源进行重构,由此进行自身对教育教学的研究,提高自己的专业水平。同时每个在教师空间浏览的人,都可以不受地域限制和空间限制,来查看到教师空间的资源进行学习。在提升自己的同时,也帮助别人获得了提升。

3. 教师空间要成为教师提升境界的窗口

信息技术的发展、大数据的出现让每个教师真正体会到了互联网时代的便捷。只需要通过网络,就可以搜罗到各种自己想要的资料,大大方便了教师的教学探究工作。不用再像以前一样,想要做探究需要到图书馆查阅大量的资料,再进行书面上的归类,工作量很庞大。而现在只需要在教师空间内进行搜索即可。教师可以轻松查阅学院的各种动态,以及专业内的各种名师讲坛,不断提高自己的素质。学生也是如此,通过教师空间,可以让学生查看到更多在校内看不到的内容,帮助学生放宽眼界,获得提升。

(四)交流展示功能

教师空间作为一种工具和师生之间的载体,具备了很多自然功能,如下:

1. 交流互动

教师空间打破了之前的边界,极大程度上打破了空间上和班级内的师生交流,促进了外校学生和本校学生的交流,也促进了外校学生与本校教师的交流。同时在教师方面,教师空间促进了各校教师之间的交流。让各校师生都能够打破重重阻碍进行交流,更好地促进教师之间的学术进步,也促进了学生之间的学业进步。

2. 展示自我

教师空间也有展示自我的自然功能。因为教师空间是开放和互动的,每个教师的专业背景和科研成果,以及平时的兴趣爱好都会被广大教师和学生查看到。教师空间成为教师展示自我的一个最大平台。无形当中,教师空间也成为教师从各方面提升自我的一个动力。

(五)学术研究功能

教师空间的学术功能也为教师提供了便捷的平台。

1. 构建研究资料库

教师建设空间资源时逐步以空间课程为基础,以自己在专业上最擅长的方面为主题,构成一个完整的领域体系,在通过不断地完善,将这些资料和见解整理构建,就形成了自己专业领域的一个资料库。定期更新这一领域的信息和最新研究探索资讯供学生参考研讨,这样就形成了学生拓展学习的第二动态课堂。

2. 进行学术研究

教师不仅仅可以通过建设空间实施教学,还可以通过对空间资源优势的不断获取,来进行专业的学术研究和教学研究,形成教学和学术共同进步的成果。对于教师来说,探索和钻研都是一个追寻快乐的过程,利用教师空间可以充分获得成就感和满足感。

3. 同行切磋交流

教师空间也带来了教师之间的互动便利,教师可以随时随地与同行进行学术交流和讨论,还可以随时随地掌握专业内的最新动态,无论是最新的前沿动态还是一些最新的理论提出或者是学术成果,教师都可以第一时间通过教师空间来获得。包括对于学术论文之间的互相探讨,都形成了良好的氛围,对促进教师的专业进步和教学进步提供了很好的空间平台。

(六)文化传播功能

高校教师既是知识的传播者,也是我国优秀文化的传播者。教师空间具备以下的文化传播功能:

1. 传播思想文化

信息时代让自媒体平台得到了快速的发展,也正是由于自媒体的快速发展,让我们每天都可以获得数以万计的信息。而每个教师的空间实际上也是一个自媒体,教师空间的文字被大众所查看到,也会带来一定的反响,在这样的过程中,教师就无形中将中华民族的优秀文化传播了出去。而学生或者是大众,在看到了这样的优秀文化之后,势必会进行讨论、思考、学习甚至是践行，这就让教师的空间起到了一个自媒体的作用，有传播和宣传的功效。有人可能认为传播文化只是文科类教师的事情，而其实理工科教师空间也在传播一种文化，那就是科技的文化。每个教师都在传播着不同的文化，让教师空间变成了文化传播的阵地。

2.提高个人审美修养

人们在教师空间进行浏览与交流互动的过程中，也逐渐提高了自己的审美品位和个人修养。由此教师空间又具备了提高个人审美修养的功能。

上述六大功能，资源储备功能是其他功能得以彰显的保证。交流展示功能是教师教学和学生学习开展的手段。而教学功能则是教师空间功能的核心。而开放式的学习空间和交流空间则是为所有师生构建了一个平台。学术研究与文化传播功能则可以作为教师在教学和专业学术上进步的辅助，同时在这样的过程中也传播了文化。

二、高职思政课程云平台中教师空间的设计原则

（一）响应思政课创新教育改革创新的原则

近年来，高校思想政治教育为了响应深化高等学校创新教育综合改革的战略，在思政课的教育教学方式方法上做出了很多创新和改革工作。利用信息技术搭建了思想政治课程云平台、翻转课堂的开展、融合教育的实施等都在不断地进行努力探索和尝试。在新课程标改革的大环境之下，教育创新越来越被重视起来，在这一全新教育概念的驱使下，教育开始努力发挥学生的主体性，教育的创新是将信息化教育与传统教育相融合，形成新型混合式教育模式。教育创新实施下的发展潮流，是教育在进行到当今社会的必然发展趋势。当然创新也是要在传统教育的基础上进行，不能摒弃以往的传统教育，而一味地进行现代的信息化教育。尤其在思想政治教育当中，要找到继承与创新之间的平衡点。传统的教育精华必须要继承，而在继承传统教育精髓的基础上，又必须要对教学方法和教学内容上进行创新。也就是说教学研究的基

准是传统教育,而创新是为了教育更好地与时俱进发展。也就是说创新教育是指在过去传统的培养人才体系上,注重对人才文化和思想上的培养,二者并驾齐驱进行发展。

通过大量心理学家对心理学的研究,发现了人的想象力、好奇心和求知欲等本能可以通过实践来联通,从而获得全面的发展。所以创新教育以心理学研究为理论,主旨在从三个维度全面培养学生的素质。尤其在如今的高校课程教学科目当中,思政课是一门相对于其他科目来说较为特殊的课程。因为思政课的重要作用在于培养学生的正确观念和道德素质。创新教育理念在高校思政课的教学上得到了充分的体现。创新教育在保留传统教学精华的基础上,也通过创新型云课堂、智能教室等教学方法对学生进行教学。这两者结合更加调动了学生的积极性,收获了良好的反应和教学效果。

(二)适应教师个性化发展需求原则

建构主义指的是强调个体内在知识体系的自我建构,自我建构的本质是实现个体社会化的过程,也就是说建构主义是个性化的理论基础。著名心理学家皮亚杰曾经提出了一个本能的观点,他认为个体都具有适应环境的本能。个体在不断"适应"和"吸收"的过程中形成了习惯行为,同时也发展了智力。在此基础上,也有很多心理学家进行了探究。最终得出的结论都说明了,在教育的过程中,首先需要做到尊重个体的成长模式,再来运用正确的引导、支持等行为帮助个体进行正确的发展。人的个性和自身的需求都是不同的。这样的不同是既成事实,是原本就存在的,而不是人为主观加上去的。每个教师和学生在教学和受教的过程中,自身的需求也是有千差万别的。要想体现教师和学生的个性化,就要教师自身明白自我需求和大方向的关系,再通过自我分析教学内外环境,结合自己的需求来对教学目标和教学方法进行改进。

虽然当前的教学网络平台为教师和学生提供了一个良好的线上平台,让师生之间的交流,以及教学和学习都变得便捷了。但是在互联网教育平台的设计上还是有些改进的地方的。例如互联网教育平台的形式和方法都太过于统一。这样就因为各个学校的情况不同,专业不同导致有一些教师的自信心和积极性遭到打击。所以在平台开发的设计上,必须要多与各科专业教师进行沟通,帮助平台的设计更加人性化,能满足用户各种各样的需求,促进平台的个性化发展。

（三）契合高校思政课教学特点的原则

高校思想政治教育为了实现对在校大学生的思想进行教育的目标,高校思政课教学工作者都在不断地创新教学方法和改进教学内容。与其他学科不同,高校思政课课程的性质和教学目的等方面都有着自身的特殊性。从教学方式上来说,高校思政课具有时代性、继承性和动态性三大主要特点。教师空间也将高校思政教学特点完全融入到了其中,并且进行了合理方式的呈现,进一步推动了教学目标的达成。

（四）联结课程知识与应用情境的原则

近年来信息技术的发展让多媒体教学也得到了快速的普及。现在不仅是在高等学校教育阶段,在小学教育当中,多媒体教学都成为日常教学的一种手段。这样的普及为教师在理论中设计到时间内容提供了条件。例如通过网络媒体对有效结构的管理,运用留言板、站内信等时通信的功能,在课堂当中或者在线上课堂中创设合作学习情境,利用网络云课堂来组织讨论组,促进学生交流和学习成果反思。在将教师网络空间设计加入高校思政教育的内容中,高校思政教育工作者不仅要考虑到呈现本身课本上的教学内容,还要考虑到什么样的情景创设是有利于学习者的思维建构的。在教学当中需要着重思考情境创设和网络空间设计的联系。高效思想政治教师在实际的教育教学中,必须立足教材的内容特点,再将这些内容特点通过"活动"的方式呈现出来。

学生有效知识的获得并不是教师所传授的,而是学生在既定的情境下,通过学习材料和教师的帮助,运用理论内在意义建构的方式获得的,这是教育学中的建构主义学派观点。而情境认知与学习理论则认为知识的获取,是在实践活动中学习者们获得的。有意义的学习是当知识被放到具体的情境中,学习者通过实践获取的,强调教学实践过程的环境和活动的真实性。这一观点对网络平台的发展很有益处。互联网平台与课程内容的紧密联系就充分地说明了上述理论的重要性。目前广泛应用的网站教育平台,包括上述文中提到的教师资源、云平台、云课堂等方面,都是需要对用户进行引导的。有着完整的内容作为体系支撑,这样才能够引导,无论是教师也好,还是学生也罢,都能够在信息繁多的资源空间里找到自己搜索的方向。因此在思想政治管理教育平台当中,教师和设计师们也一定要沟通好每个细节,考虑到真实用户的需求和在使用时的感受,从而不断做出调整,让学生在最终看到网络平台时,都会有兴趣继续使用,也能感受到它的方便。

(五)教学资源库共建共享的开放原则

随着数字化的发展,数学资源库的数字化建设成为加速教育信息化进程的主要工具。数字化媒体教学资源相较于传统的纸媒,具有处理方式多媒体化、信息传输网络化、存储容量大、教学信息组织的超文本等纸媒不具备的独特优势。所以建设教学资源库至关重要。相关工作人员必须具备丰富的专业技能,可以满足资源库建设多样化的需求。数字化教育教学资源的均衡配置,通过所有高级技术人员的共同参与,教师与技术人员的协同合作创新,建设的资源库和分享机制实现了现代化的教育整合,促进了教育资源的平均分配,为教育均衡发展提供了先决条件。

第三节　思政云课堂教学设计实践研究

一、思政课云教学实践概述

在云计算技术的基础上,开展的所有教学活动都被称为云教学。行为大数据的全面呈现和大数据科学管理的客观实施是云教学活动结果的产生过程。高职院校的思想政治课在运用了移动信息化教学云平台后,通过教学大数据的积累,实现了师生之间从课前、课中到课后在线的实时互动。每节课堂教学的教学行为和学生的反馈的数据都被统一记录下来,以便于教师根据数据来进行教学反思和进一步的探究。

思政课云教学与传统课堂教学一样,都是以学生为主体,在教学中也以课堂为中心分为三个阶段:

在课堂教学的课前阶段,教师也同传统教学中一样,要根据教学目标来将课程内容和知识点发布到平台中,引导学生进行提前预习,做好课前准备。并且教师可以借助可视化的大数据技术,在课前就对学生的学习行为进行查看,通过相关学习结果数据可以充分了解到学生的学习情况和思想波动,这样就对备课有着很大的作用,可以让教师有针对性地进行备课,为良好的课程效果打下坚实的基础。

教师分析课前数据,做好备课,制定好教学设计后,在课堂上充分利用云课堂与学生进行互动。但是要注意的是,虽然现在大部分的教课内容都是以多媒体的形式展现的,但是板书也是必不可少的。所以在课堂当中,教师仍然要将重点内容以板书的形式写出来,将课件中重要的部分都在板书上做总结和强调,由此来调动学生的积极性,师生之间都参与到云平台上的话题讨论中,在不断地讨论中让学生形成"头脑风暴",在互相讨论之中发挥联合学习的作用,并且在云课堂平台中加入课中练习,来了解学生的学习情况和思想情况,再有针对性地开展下一知识点的教学。

学生在课后学习完成过后,就是课下的云平台发挥作用的时间。教师可以通过学生对预留测试以及一些话题讨论的活跃情况来查看教学效果。在批改作业中,对每个学生的作业进行一对一评价和改正。增进师生之间的感情,同时也促进了学生学习的有效反馈。

尤其在思政云教学平台中,课后教师可主要以为学生布置讨论话题为主,也可以以师生之间的讨论为主。让思政课的互动性变强,改变以往学生对思政课枯燥刻板的看法。互动教学让师生之间可以有充分的思想交流,从而达到培养学生形成正确思想的目的。云平台为教师与学生之间的互动提供了一个绝佳的便捷平台,同时也让教师能够更直接地看到学生对思政课的态度和教学效果。既能够让教师实时解决学生的问题,增进师生之间的感情,在帮助学生解决了思想问题后也能够增强教师的成就感。

二、云教学大数据的思政课教学设计实践分析

（一）思政云教学设计的基本准则

思政云教学必须遵循思政教育的基本理念，帮助学生构建正确的三观，并且学会用马克思主义理论和科学方法来思考问题、分析问题和解决问题的能力。思政云教学环境下开展思政课教学设计一直遵循以下两个基准：第一是诊断分析学生的学情，包括学生的思想情况和知识储备等；第二是教师需要坚持住对教学目标的遵守，确保思想性。

（二）问题导向教学模式源于思政课的内容特性

思政课教学主要目标就是帮助学生解决思想上的问题，让学生走出思想上的误区。概括来说思想政治课要解决的两个问题就是：一是教什么的问题，二是如何教的问题。教什么的问题所有思政教师都可以认识到，但是如何教的问题是每个教师都在不断探索的。其中的难点就在于如何教才能够获得学生的认可，让学生在思想上与教师产生共鸣，从而用实际的行动来实践理论才是教学的难点。所以这就意味着教师如何能够用合理的逻辑进行教学，再让学生内化于心，外随于行是难点。这就需要教师将枯燥的教学内容转化为让学生感到有趣并且有意义的内容。为了激发起学生的热情，教师可以让学生自己提出问题，培养学生的自主意识和创新思维能力，最终形成成熟有效的教学方案。

通过之前的实践调查可以看出，目前大学生对思政课云教学的满意度达到了99%，这也就意味着思想政治教育跟之前相比，在高校当中已经取得了很好的成绩。并且对于自身问答的课程设置，学生都表示百分之百的满意，也足以说明了这样的问答对教学效果的提升。尤其是在云教学平台的支撑下，以问题为导向的高校思想政治教学模式更有利于解决高校学生的思想问题。对于学生思想问题的解答，也进一步推动了让学生将理论与社会实际联系起来，用正确的思想观念和科学的方法来解决问题的能力。这一切的成果和学生学习成果的进步，

在一定程度上离不开移动云平台的优势,当然在另一方面也是因为高校思想政治教师起到了充分的引导作用。

（三）思政课云课堂教学设计应符合问题导向教学模式的教学逻辑

上述已经说明了思政课云教学的问答设计的作用。思政课云教学的问答设计具体步骤为:首先是从教材的问题着手,将问题进行分层和分类,梳理问题的逻辑;其次是在课前和课后利用云平台,对学生的问题进行梳理,挑选一些经典型的和教材知识相匹配的问题进行问答;最后是根据上述挑选的问题,来引导学生利用教材中的观念去分析和解决。在教学当中,教师要学会通过云教学平台查看学生的反应,之后针对学生的反应来对问答活动进行有的放矢的回应,做出相应的教学改变。

（四）内容为王,结合过程性考核提升教学实效

创新课堂形式和教学内容的关系既是对立的,又是统一的。所以要辩证地看待二者之间的关系。理论教学内容和创新课堂形式自然是统一的关系,二者有紧密的联系。同时理论教学内容和创新课堂形式也是独立存在的。教学组织形式离不开教学内容的支持。

在思政课云教学实践中,想要获得更好的教学效果就需要在充分运用云平台来督促学生学习之外,还要充分抓住教学内容的新颖性和思想性,通过调动大家讨论的积极性来对学生的思想认识进行考核。考核是检查学生学习效果的重要手段,尤其在开展了云教学实践后,考核更能具体显现学生的整体行动和能力。学生的出勤率及平时学习的效果都在云课堂中有记录,考核变得更加人性化和智能化,也更有实际的数据可以查看。在教学内容和平时云平台与学生的互动当中,教师应该注意将热门的新闻话题或者很具有"现象级"的思想政治话题与课程内容联系在一起。由热点新闻引入,激发学生的兴趣,活跃学生的讨论氛围,这样可以更好地让学生理解思想政治理论,并且做到学以致用。更直接地培养学生的逻辑思维能力和问题分析能力。这样的课堂

内容教学既让学生的观点相互碰撞，也让教师能够在学生激烈的讨论中，运用正确的思想理论，纠正学生的一些不正当思想，顺其自然的将理论上升到实践高度，达到理论指导实践的教学效果。

与此同时课堂教学效率的提高还是需要充分运用云教学平台，利用云教学平台的自由开放性来实现。在大班额教学当中，云教学平台更能充分发挥它的空间自由性和针对性作用。教师只需要提前在教师空间做好教学设计。在课堂之中，要想检查教学效果，只需要让学生在教师空间中回答问题，教师就可以在云平台上看到每位学生的作答，教学效果一看便知。这样教师就可以及时调整自己的教学内容和教学方法，针对学生的疑点或者有争议的点进行深度解读，增强了学生的反馈效果，并且在开课前，也可以提前发布一些延伸阅读材料，引导学生将注意力放在新课程上。

三、思政课云教学实践效果

思政课云教学实践和传统教学模式的融合，充分调动了学生主动学习的意识，并且教师也让学生有效地利用了课余时间进行课前和课后的线上学习，在课中也通过云教学实践系统来简单完成了对学生的学习考核。丰富新颖的手段不仅仅提高了学生的学习兴趣，也增强了教师对于思想政治教学的信心，从而提高了高校思想政治教育课程的教学效果和教育效果。思想政治教育的地位显著提升，同时也增强了师生之间的关系，让思想政治教育的课程变得有趣起来，为高校思想政治教育的发展和改革建设做出了巨大的贡献。教学课堂效果的进步也让教师更加有信心，在工作上找到了前进的方向，也让教师愿意花更多的时间在工作上面。越来越多的教师开始丰富自己的教师空间来向学生展现自己的学术成果，与学生进行热点事件的讨论，以及为学生解答生活中遇到的思想问题，获得了学生的信任。学生与教师建立起平等的友谊关系后，在课堂上便更加信服教师的课程内容，为达到开展马克思主义教育及中国特色社会主义教育提供了肥沃的土壤。学生在平等的互动当中，开始学会向教师学习分析问题的思维，并付诸行动。无论是小规模班级还是百人制的大班额,学生都有着很高的学习热情,对教师的教学效果和表现也变得越来越满意。学生的思想也更加积极向上,更加符合高校人才培养的目标。

云教学解决了传统教学中的诸多难题:首先是教师与学生互动过少的难题,其次是教师不能够第一时间了解学生课堂学习状况的难题,第三是把期末成绩作为唯一考核标准导致理论不能落实到实际中去的难题。正是因为云教学解决了以上三个难题,才能够让云教学在思想政治教育改革中起到推进的作用。虽然云教学作为新兴事物也有自己的弊端,但是总体来说云教学的优点超越了弊端所带来的负影响。在今后的信息化教学改革当中,还是需要不断深化信息教育改革实践,找到更加合理的可行方法。

第四节　手机环境下高职思政课教学管理策略研究

移动互联网的广泛覆盖,让自媒体成为与传统媒体平台功能一样、甚至传播范围更广的渠道。移动自媒体凭借着先进的技术和便捷性的操作成为当代大学生包括教师在内的必需通信设备。同时移动互联网的到来让人们进入一个自媒体时代。移动互联网的即时性、人性化等特点为现代教育带来了更多的机遇,同时也加重了教育现代化改革的任务。

一、手机媒体对高职院校思政课教学的影响

(一)手机媒体为高职院校思政课教学提供了便利

1. 为高职院校思想政治课教学提供了"信息资源平台"。学生可以利用移动 App 查看到国内外的各大时事热点,并且也可以通过一键查询了解到各种各样的思想政治理论知识,所以现在的教师要做的就是要通过这些移动自媒体汲取信息,来与学生进行交流,从而帮助学生梳理和吸收从外界获取到的相关知识,正确引导学生培养一个良好的政

治观。因为有具体感兴趣的话题提供给学生参考,所以就能充分调动起学生的主动性,学生喜欢互动,教师在教学当中也就更加有激情,教学效果也就能够变得更好。

2.搭建师生之间的交流平台。对高职院校思政课程来说,思政课程的内容较多,课时较少,而且教学班额过大,所以都导致在课堂上教师不能够充分与学生进行互动沟通,而移动互联网的发展,让教师和学生之间的沟通就打破了这样的束缚,教师和学生可以充分利用移动互联网进行教学讨论。

3.通过手机媒体在线答疑。在信息爆炸的年代里,人们每天接收到的信息都有很多,快节奏的生活和快餐文化充斥在社会当中。面对这样的文化形势,有一些学生在思想上就会变得比较茫然,不知道如何辨别消息和思想的正确性,会有很多的疑惑产生。而思想政治教师则可以利用移动互联网平台为学生进行在线答疑解惑,帮助学生解决生活中遇到的一些问题,解决学生面对一些人情冷淡、道德低下的现象时手足无措的现象,帮助学生消除在如今社会快速发展中形成的恐惧感。

(七)手机媒体给高职院校思政课教学管理带来了挑战

1.不良信息对大学生价值观的影响。手机媒体在带来促进学生学习的有利作用的同时,也充斥着很多的不良信息,这些信息会对学生产生消极影响。不同于传统的新闻媒体,移动自媒体中大部分新闻都存在虚假夸大的部分,甚至有一些是在歪曲事实制造热点。对于辨别力较弱的青年学生来说,长时间的看到这些价值观扭曲的新闻,会影响到自己的价值观,进而也影响到思想政治教育对其正确价值观的培养。

2.学生过度依赖手机。现在很多人都有手机依赖症,包括高职院校的很多学生在内每天使用手机的时间甚至超过了睡眠时间,很多学生对手机依赖性都特别强。尤其在思政课或者是其他一些公开课当中,学生玩手机的现象屡见不鲜。因为班级人数过多,教师在考勤时也只能按照传统的点名来进行检查。对于课上讲课时,学生玩手机并不能及时看到,并且班级人数过大也不好管理,因为还有很多的教学任务需要完成。这样就给教师的教学造成了很多的困难和困扰,不利于教学目标的实现和教学效果的高效显露。

3.降低了学生主动思考的欲望。现在信息获取的便捷让学生太习惯于通过网络来找寻答案,不习惯于自己主动思考来找出答案,这样就导致学生的思维能力和学习能力都下降。尤其在思政教学当中,很多学生对于教师提问时,都喜欢在网络上搜寻答案,这就需要教师在布置任务和设置习题时,做好充分的功课设置,调动学生主动思考。

4.加大了课堂管理难度。根据笔者的走访和亲身经历,目前在高职院校思政课教学包括在其他科目的教学课堂中,玩手机是一个普遍的课堂违规现象,因为班级人数太多,教师如果单纯从规定上来管理有很大难度。

二、手机媒体环境下高职思政课教学管理存在的问题

(一)实践教学的不足客观上增加了管理学生玩手机的难度

学生喜欢玩手机一方面是因为现在移动互联网的发达,让学生沉迷于其中,另一方面也是因为教师的课程内容不具有吸引力。尤其是在高职院校的思想政治课当中,思想政治课程本身的理论性过强,比较倾向于进行动手实验的学生对这门课程本身就不感兴趣。而很多教师在课程教学当中的实践教学,也只是理论上的实践教学,并没有落实到实处,只是口头上的说法。所以这就导致了学生一方面沉迷手机,一方面提不起对思政课程的兴趣。在这样的形势下,高职院校的思想政治教师需要落实实践教育,提高学生的学习兴趣。如果没有很多条件在校内或者校外开展诸多的教学实践,也可以利用网络在线平台开展实践教学,方便和学生进行沟通,让学生对思政课有热情,就会改变学生喜欢在上课时玩手机的问题。

(二)教师教学吸引力不足助长了学生玩手机

虽然教师在教学活动过程中扮演着主导者和引导者的角色,但是很多教师都过于将讲授放在先导位置上,一味地按照我讲你听的教学方式,造成课堂氛围枯燥,对学生没有感染力,学生参与度低。

（三）部分教师放任学生玩手机行为

有的思政课教师为了赶教学进度，会不去监督学生玩手机的行为，有的班级人数过多，管理困难，这就让学生玩手机的风气越来越严重。

（四）学校及班级对学生课堂玩手机管理乏力

目前针对学生玩手机的行为，很多教师都无法禁止，特别是在高校思想政治课程教学当中，班额过大导致不能够很好地进行管理。所以要想杜绝这一问题，要从思政课班额上做文章。

三、手机媒体环境下高职思政课教学管理策略

（一）强化思政课实践教学，加强师生互动

高职院校思政课教学的重要环节之一便是实践教学，要想让思政课实践教学落实到具体课堂当中，高职院校的管理制度就应该进行完善。目前很多高职院校的思政课实践教学的相关制度不够完善，对思政课程的支持和管理力度远远不够。久而久之就导致高职学生对颇具理论性的思想政治教育课程失去了学习热情。对于高职院校这些善于动手和善于实践的学生来说，多多开展高职院校思想政治实践课，将理论渗透到实践当中才是最好的教学方式。这样能够帮助学生通过实际行动来理解思想理论，从而形成自己的理论。这样也可以充分加深师生情感，让学生主动学习，从根本上消除玩手机的不良风气。

（二）加强制度建设，引导学生充分利用手机资源

针对学生上课玩手机的风气，学校必须要制订严格的规章制度对学生进行管理和约束；学校、辅导员和班主任在平时的监管中要严格监督学生上课玩手机的行为，并且要对学生做好思想工作，让学生明确上课玩手机会造成的不良影响，再引导学生将手机的学习资源充分利用起来，手机不再是一个娱乐工具，更重要的是一个学习工具。

（三）丰富教学手段，提升思政教学的吸引力

高职院校思政课教师要想为学生展示出思政课教学的魅力，就必须多层次、多角度将理论教育与实践教学以及网络在线教育结合起来，通过生态教学的理念，加上教学内容来丰富自己的教学理论和教学方

法为学生进行讲解。要想增加思政课教学的趣味就必须要求教师能够自己深入钻研教材内容,并且将现代的实事与教材内容紧密结合,由此来与学生进行交流互动,在互动当中不断启发学生进行思考,由此来掌握学习内容。

(四)提升思政教师素养建设,完善教学管理制度

在过去的高职院校思想政治课程的建设当中,很多高职院校思想政治课程的教师配置过低,这些思政课程教师的教学水平有限,在工作上也没有很大的积极情绪,习惯于照本宣科地讲解教材上的内容,导致学生觉得枯燥乏味,上课玩手机的现象频频发生。所以要想杜绝学生总是上课玩手机的行为,改变学生对思想政治课程的认知,促进思想政治课程教育的发展,就要加强高职院校的教师队伍建设,在现有的高职院校思想政治教师中进行培训,不断提升教师的专业素养和人文素养,让教师的专业素养和人文素养都能够与当今时代所要求的思政教育工作者水平相匹配。并且在班级人数上,高职院校也应该尽量控制班级人数,避免大班额教学,多提供高职院校思政教师学习的机会,帮助教师提高业务水平,并且增加考核和奖励,充分调动教师的积极性才能促进思想政治教育的发展。

第七章 高职"蓝墨云班课"思政教学研究

高职院校思想政治教学的"蓝墨云班课",让学生从传统的学习方式转化为混合式学习,将线上和线下完美结合,帮助学生更好地发展个性化,实现学习自主。

第一节 "蓝墨云班课"的混合式学习探究

一、什么是"蓝墨云班课"

"蓝墨云班课"在上文中已经提到过,它是一款移动 App。和其他普通的移动 App 相比,它集合了教师和学生所有需求的教学资料和学习素材。

(一)"蓝墨云班课"的优点

1.即时管理掌控班课

教师可改变以前难以监管学生的缺陷,现在高职院校教师通过移动电子设备就可以对学生发布各种各样的任务,考核学生的实践活动和在线互动等环节。通过"蓝墨云班课",教师得到的教学反馈更多。

2.即时师生互动

问卷调查、在线测试、师生互动等活动形式,不用再被传统的教学课堂所拘束,教师通过"蓝墨云班课"就可以一键掌握。

3.学生自主学习

通过"蓝墨云班课",学生可实现自主学习。

(二)"蓝墨云班课"的实施

在"蓝墨云班课"的具体实施上,学生能够不受空间和时间场地的限制查找学习资源,更方便学生完成教师布置的任务。并且也简化了教师开展教学活动的方法,也为学生提供了便利。同时,学生和教师之间可以在线交流和探讨。在线问答既帮助教师了解学生学习掌握情况,也促进了学生对知识点的把握。

二、"蓝墨云班课"的混合式教学改革

"蓝墨云班课"的教学模式分为课前的自主学习阶段、课中的问题探索和实践阶段、课后的作业完成阶段三个阶段。具体模式如图 7-1 所示。

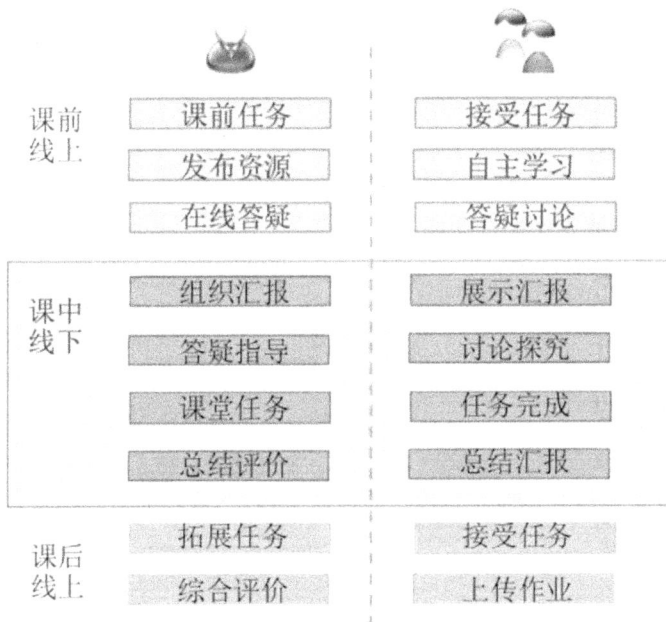

图 7-1 "蓝墨云班课"混合式教学流程表

三、"蓝墨云班课"混合式教学优势

"蓝墨云班课"的混合式教学与传统的单一教学模式教学相比,有以下几点优势。

（一）师生灵活的双向互动

在传统的教学当中，利用网络技术教学的最多方法就是多媒体教学。这多媒体教学在开始出现时，还备受推崇，但是现在随着多媒体教学的普及，这样的教学模式已经不能够引起学生的注意，教学效果和学习效果都很一般。在教学当中还是存在着传统教学的缺乏互动、课堂气氛低沉的通病。

"蓝墨云班课"的创新复合模式教学就改变了这样的教学氛围，"蓝墨云班课"让学生和教师进行亲密的互动交流。学生更喜欢接受教师的启发和引导，交流氛围热烈。

（二）效果真实的反馈评价

学生在传统的教学模式中，基本上都是在追求期末分数的终结性评价，而教师对学生的评价，主要是依靠期末分数来定夺。对于平时的考核来说，只能通过点名或签到情况来决定，对于学生心态的变化和具体在思想上是否充分融入了思想政治教育理论并不能知晓。教师得到的教学效果反馈是单一固定的，没有办法为教师提供教学内容改进的方向，不利于促进教师教学能力的发展。

"蓝墨云班课"的创新复合模式教学可以贯穿学生的整个学习过程。教师也可以在整个教学过程中使用"蓝墨云班课"的评价体系来为教师的教学效果做诊断，由此也为学生得出科学性、全面性、系统性的总结性评价提供了可靠的理论依据。通过"蓝墨云班课"可以对学生的知识水平和学习效果进行诊断。经过科学的诊断，教师再来确定怎么样进行教学，这就是诊断作用。并且在课程教学中，教师也可以利用"蓝墨云班课"对学生的学习情况进行跟进，通过对教学当中各个环节的考核来查看学生对知识理解的水平。由此再展开一些细节上的讲授。对于一些晦涩难懂的地方，教师可以调整讲课速度，为学生进行详细讲解，这为教师的教学内容改良提供了科学依据。

（三）教师主导、学生主体

"蓝墨云班课"的创新复合模式教学充分发挥了教师的指引者、启发者及监督者的角色。在监管的同时，也让学生充分认识到自己的定位,认识到在学习中自己的主体性地位,帮助学生习惯主动去学习知识、探索真理、总结经验,养成个性化学习的好习惯。

第二节 基于"蓝墨云班课"的思政课翻转课堂教学实践

一、"蓝墨云班课"探索过程

（一）翻转课堂与"蓝墨云班课"

翻转课堂顾名思义是一种不同于传统教学模式的创新课堂形式。具体来说就是学生通过网络平台来提前学习教学内容。"蓝墨云班课"出现之后,翻转课堂的开展形式开始通过"蓝墨云班课"来进行实现。课前教师会在"蓝墨云班课"的教师资源空间上上传教学内容资料,让学生根据这些资料进行课前预习。学生也可以在线咨询教学内容,在进行"蓝墨云班课"的课中习题演练时,教师可以第一时间掌握学生的练习情况,并且可以一对一进行点评指导,让每个学生都能得到教师的点评,通过这样的方式及时改正错误,大大提高了学习效率。"蓝墨云班课"的翻转课堂改正了传统教学的局限性,让教学形式和课堂形式变得更加开放。在高职院校的思想政治教学中,"蓝墨云班课"的教学模式让高职院校的思想政治教学得到了空间的解放和丰富,改变了以往思政教师由于教授的班级人数太多,而不能够很好地对每个学生的学习效果进行第一时间了解。这样的诊断性教学模式,让教师可以根据效果调整教学进度。通过使用"蓝墨云班课"App,教师和学生之间的资料传递更加方便。"蓝墨云班课"App 可以使图片、视频等各种形式的资源都能够共享使用,比常用的社交软件还要方便快捷,而且还不需要让教师挨个加学生的名字或者是像以往一样通过 QQ 或者微信群的形式发布消息,避免有的学生会因为没有注意看群消息而疏漏。"蓝墨云班课"传递的信息和各种学习文件都是一一发送到每个学生的 App 内的,并且会有实时提醒。对于那些之前有借口说没看到内容的学生来说,"蓝墨云班课"就让这些喜欢投机取巧的学生没有办法找借口来不完成学习任务。

(二)翻转课堂教学模型构建

在翻转课堂中,课前的主要作用就是对知识进行传递,通过传递教师上传的教学资源,让学生接收到学习内容,并且通过一些功能辅助教师进行监督和跟进。

教师的教学视频不需要再如之前的传统教学中搜寻资料那样如大海捞针,因为翻转课堂教学中,"蓝墨云班课"为教师提供了丰富的教学资源。教师只需要通过"蓝墨云班课"就可以查询到合适的资源库,从中进行资料的筛选,减轻了教师在课前资料准备中的工作负担。同时在课前,教师还需要考虑到学生的认知特点。在教学资源的形式上,不能仅仅靠视频的教学形式吸引学生,也需要上传详细的文字教学资料。文字和视频进行对应,才能促进学生通过影像和文字使理论知识水平得到加深,从而加深理解。

翻转课堂与传统课堂的不同之处就在于线上的课堂教学监管模式不同于以往的线下模式,使学生可以真实感受到教师在自己身边,有一种感到被监督所以自觉学习的效果。虽然翻转课堂的形成性评价有很严格的标准,但是对于一些同学来说,因为自身的约束能力不强,在心理上还是会对这样的形式有所懈怠。因为教师不能够在身边督促,所以学生就会有点松懈。针对这样的情况,教师就需要将形成性评价的考核标准做到最细致,并且在课前布置作业,对学生进行指向性考核。而且利用一些时间来与学生进行视频教学。让学生感受到教师将有形监督和无形监督结合在一起,自己开始提高自律能力,专注到翻转课堂的学习上。

2.翻转课堂的课中活动最能体现教师教学能力的所在,因为教学内容能够让学生理解是最关键的一环。利用创新的翻转课堂形式实现这样的教学目的从理论上是可行的,但是在具体实施上,还是为教师带来了很多的挑战。在翻转课堂学习中,要想让学生将理论教学知识进行内化,就要考虑到很多因素。例如在高职院校的思想政治教学当中,要想让学生将思想政治理论知识都进行内化,从思想上到行动上都实现质的转变的话,就需要教师多多与学生进行思想上的碰撞,通过不断地沟通让学生自己主动接受这样的思想意识,那么就需要教师做到充分了解学生的兴趣点和痛点在哪里,通过对热点关注的案例引发学生的痛点,从痛点出发讲解,让学生达到在思想上与教师的共鸣,才能实现这样的教学效果。教学交流和教学沟通都是教师说话的艺术。如何通过主动的语言组织和内容组织,让学生通过不同的思想交流,可以求同存异,形成正确的思想政治观点,是最考验教师教学能力和专业能力的。

想要达到最终的教育目的,教师可以在与学生进行讨论之前,为学生进行分组,先让学生通过分组讨论来逐渐探索答案。在学生之间的不断交流和沟通中,会提高学生的思想境界,增强学生的沟通能力,学会与他人进行合作。例如学生刚进入大学时,开展一些关于理想和人生目标规划的探讨。以小组的形式来进行辩论会大讨论,让学生得到充分的交流,能够培养学生的人际能力和逻辑思维能力,将高职院校的思想政治教学内容得到合理充分的运用。在这样的实践交流当中,教学内容得到内化。

3.翻转课堂教学成功改变了以往传统课堂效果过于模式化的弊端。例如在高职院校和普通高校的大一年级中,都需要进行讲授"思想道德修养与法律基础"课程,很多教师的讲授过于偏重根据教材上的课时进行,导致学生觉得该课程枯燥乏味。"思想道德修养与法律基础"课可以帮助学生走出人生中的迷茫,找到追寻理想的方向。懂得法律法规可以让学生避免在工作当中或者在生活当中个人的合法权益被侵犯。但是在最后的学习当中,不少学生觉得教师的讲解和教学目标相差过远。枯燥的内容让很多学生又开始沉溺于玩手机。而"蓝墨云班课"就杜绝了这样的现象出现,教师通过新颖的教学模式增进了和学生之间的沟通,也解决了很多学生日常生活中所遇到的问题,让学生增加了对教师的信任感。这样就让学生获得了学习"思想道德修养与法律基础"的兴趣,也开始接受教师的引导,并且在逐渐的引导中,学生开始学会自主探索知识，追寻真理，在进行课中练习和课后练习时，也都有着积极的态度去认真完成。

二、教学应用效果分析

"蓝墨云班课"的翻转课堂教学模式的应用效果和传统课堂教学的应用效果相比，具有了先天的优势。无论是从学生、教师还是课程本身的角度来说，"蓝墨云班课"翻转课堂的教学应用效果都是显著的。

（一）优势

1.学生层面上的教学应用效果。首先"蓝墨云班课"的翻转课堂教学形式是以移动互联网形式存在的。现在是移动互联网的时代，这样的网络学习形式和创新的翻转课堂形式完全符合学生的日常生活习惯和信息获取习惯。并且翻转课堂教学模式的"蓝墨云班课"系统功能都设置得非常简捷和便利，不仅仅满足了学生的生活习惯，也满足了学生的学习需求和认知特点。

2.翻转课堂适应教师的教学需求，同时也为教师的教学能力发展提供了便利条件。翻转课堂不仅仅为学生提供了一个开放性便利性的网络学习空间，促进学生的个性化学习，也为教师提供了一个可以进行开放式学习、学术交流的权威平台。翻转课堂通过"蓝墨云班课"强大的资源搜索功能和资源共享功能，让教师可以及时查看到国内外最权威的学术研究和前沿科学技术，并且可以通过"蓝墨云班课"与其他学校的教师进行学术交流和教学交流，为教师提供了绝佳的学习机会和资源交换空间。同时在教学方面上，云班课的强大教学辅助功能和监督功能，都解决了教师在传统教学当中遇到的很多教学难题，对形成性评价和总结性评价的考核制定，以及教学质量的提高都做出了巨大的贡献。

3.适应高职院校思想政治教育课程的改革方向和发展方向。高职院校中的思想政治教育课程也是学生的必修课。为了让高职院校的思想政治课程与高职院校的其他专业课程进行联系，高职院校采取了很多的教学措施。包括现在很多高职院校对管理制度的创新，都是为了可以全面促进学生的发展。而翻转课堂的出现，为高职院校解决了以往很多的难题。第一是克服了高职院校在思想政治教育课程中开展实践活动场地难的问题。翻转课堂的出现,让教师可以通过网络课堂来与学生一起进行实践探索,从中找寻理论的正确性。第二是减轻了高职院校师资配备人员参差不齐的压力。翻转课堂的出现为教师提供了一个前所未有的学习平台,教师不用再因为一方面要进行正常的教学工作,另一方面还要进行专业培训而头疼。通过"蓝墨云班课"平台完全就可以实现专业培训,并且会有对应的专业考核,让学校管理者和教师都节省了很多的工作时间,减轻了压力,也让教师获得了最有效的学习方式。

(二)存在的不足

"蓝墨云班课"翻转课堂的出现解决了传统课堂教学模式中的重重问题,但翻转课堂并不可以取代传统课堂。翻转课堂还是有自身的问题存在,需要改进。

1.在翻转课堂签到中,无法显示每个学生的具体签到时间,不利于教师对签到早的同学进行鼓励表扬。

2.在翻转课堂中,手机成为教师授课和学生学习的常用工具。如果教师不及时进行监督管理,会让一些学生趁机用手机玩游戏或者做其他与学习无关的事情。

3.教师的教学内容设计要更加合理和巧妙,并且只有在课下和课上都要通过翻转课堂来与学生多互动,才能实现教育目的。

翻转课堂还有很大的完善空间,翻转课堂和传统教学模式的结合也有待进一步加强与改善。因此教师在这样的形势下,需要有更多耐心去对待学生,也需要有更多恒心去探寻正确的教学方法。

第三节　"蓝墨云班课"在高校思政课教学中的应用

在进行高职院校的思想政治教育教学当中,借助于"蓝墨云班课"的强大功能和开放式资源,既能够帮助教师与学生之间增加互动,也能够加强思想政治教育形成性评价体系的构建,为高职院校思想政治教育的发展提供了理论上和时间上的可能性。并且"蓝墨云班课"中的一些游戏性质的学习环节设置,让翻转课堂变得更加具有娱乐性和趣味性,更有利于在学生之间开展这样的创新教学,增加了翻转课堂教学的用户体验。

一、"蓝墨云班课"在高校思政课教学中应用的可行性

(一)智能手机的广泛使用

"蓝墨云班课"之所以能够在高校思政课教学中被广泛应用,是因为目前移动互联网的普及已经为"蓝墨云班课"的应用提供了土壤。每个学生都可以通过手机来进行这样的应用学习。据调查统计,移动互联网在高职院校的学生中覆盖率达到了100%,其中有85%的学生早已经习惯了通过网络来获取资料和信息进行学习,对于这样的网络教学平台并不陌生,反而会增加学生的用户体验好感,进而对高职院校的思想政治教育课程产生强烈的认同感和兴趣。

(二)"蓝墨云班课"建立的便捷性

对于教师来说,利用"蓝墨云班课"建立一个班级进行授课并不困难。不用查看说明,教师只要看到页面就可以轻松创建完成。对于学生来说更是如此,学生对移动互联网的熟练程度要远远高于教师。所以在用户体验上,"蓝墨云班课"是不存在复杂不容易操作的问题的。

(三)当代大学生的身心特点

考虑到当今大学生已经习惯了 App 上的大数据根据学生的兴趣来推送信息的习惯,"蓝墨云班课"也通过大数据实现了这样的功能,也就是"蓝墨云班课"会根据学生的专业课程和其他公开课程推送给学生一些对应的资源,方便学生对知识进行扩展和深化,并且还根据学生平时对其他专业的爱好程度推送一些其他专业的知识,以此来方便学生阅读。"蓝墨云班课"的智能化获得了学生的一致认可,在试用之后收获了大量的忠实粉丝。尤其是在高职院校思想政治教学中,这样的创新网络教学模式,提高了思政教学课堂的活跃度,对培养大学生主动探

索、独立思考的能力颇有益处。

二、"蓝墨云班课"在高校思政课教学中应用的价值

(一)丰富了教学资源

"蓝墨云班课"存储了大量开放性和最新的思想政治专业课程资源,为大学生在高职院校的思想政治课程教育学习中,提供了丰富的宝库。并且"蓝墨云班课"的灵活性也让学生更加能够享受到分享资源的便利。2018 年,在全国高校思想政治工作会议上,习近平总书记强调了立德树人的中心主旨不可动摇,朝着全程育人、全方面育人不断迈进才能开创我国高等教育事业的全新发展。在这之中,思想政治工作对教育过程的贯穿势在必行。因此,高校思政课教师需要更加注意到云课堂的教学模式应用,将云课堂模式和传统教学模式结合起来,既能弥补二者之间的不足,又能充分发挥出二者的优势,将教学的每个环节都打造得更加优质化,使教学效果和教学质量变得更好,更适应学生的身心发展需要和社会发展的需要。

(二)增强了师生互动

在高职院校传统的思政课课堂教学中,由于场地和班级人数过多,以及课程时间的局限性,让师生之间没有很多互动,导致教师一直偏向于以主观的理论来对教材内容进行讲述,忽略了学生的需求和心理感受。在这一点上,需要通过"蓝墨云班课"来进行解决。通过"蓝墨云班课"的超强互动性增加师生交流,有利于全面地掌握授课对象的心理需求和认知特点,在这样全面了解的基础上,教师在开展高职院校思政课的教学中更能够有的放矢,对思政课教学目标的实现大有易处。同时传统课堂的作用在于可以通过线上的方式增强学生对教师的印象,让教师的形象更加具有亲和力。

从老师的角度来看,"蓝墨云班课"应用在传统教学课堂中,既有利于教材内容的讲授,也有利于教师对学生的学习状况和学习状态的全面了解,促进教学质量的全面提升和对学生个性化学习行为的培养。并且这样的混合式教学方法,兼顾了一些喜欢网上学习的学生,同时也

照顾了一些喜欢传统教学学习方式的学生,兼顾了每个学生的认知方式和知识需求,更加符合培养学生个性化学习的教学目标。因此在调查当中,这样的创新思想政治教学模式得到了高职院校学生百分之百的支持率。这是在做校园调查以来,第一次满意度达到百分之百的数据,足以说明混合式高职院校思想政治教学模式的受欢迎程度。

（三）扩大了思政课影响

"蓝墨云班课"创新了高职院校思政课的教学形式,高职院校的思政课教学,在"蓝墨云班课"的创新教学模式下教学内容快速传播开来。不仅仅只是让本校学生和本专业学生看到高职院校的思政教育课,其他学校的学生也可以通过"蓝墨云班课"查看到教师的教学。突破了过去传统的教学中,在空间和时间上的局限性。开放性的教育模式让高职院校的思想政治教育发展更快速。

三、"蓝墨云班课"在高校思政课教学中应用的建议

（一）提升教师信息素养

"蓝墨云班课"为高职院校的思政课教学改革和发展找到了一条客观的道路。所以在这样的机遇下,高职院校教师要能够首先从提高自己的信息素养开始,充分掌握好"蓝墨云班课"的各种功能和优点,通过"蓝墨云班课"的优点来帮助高职院校思政教学的发展,并且充分将"蓝墨云班课"的教学优势和传统教学课堂结合在一起,为高职院校思想政治教育的现代化发展做出努力。高职院校的管理人员也要多积极对教师进行鼓励,在全校范围内召开"蓝墨云班课"的培训课程和讲座,加强教师的专业思想建设,提高教师的教学积极性是发展改革高职院校思想政治教育的关键。

首先要让教师在"蓝墨云班课"的思政课教学上学会如何来使用。其中包括了教师要学会对音频进行处理,还有课件的设计等,教师应习惯于通过"蓝墨云班课"与学生进行互动和在线问答。不断丰富自己的教师资源空间,学会利用"蓝墨云班课"的丰富资源,在加强自己的专业知识能力的基础上,多与其他教师交流教学经验和心得,让自己的专业

素质得到提高,这样才能够提高教学效果,以实现教学目的。

(二)完善校园网络环境

"蓝墨云班课"在教学当中为传统教学课堂提供了方方面面的便利,弥补了传统教学很多的不足。但是在高职院校思想政治教学当中,使用"蓝墨云班课"会存在一个问题,就是"蓝墨云班课"在学校网络的影响下,有时候会有信号不稳定的现象。这样一来就要求学生用自己的流量进行课上听讲,会降低学生的积极性。所以在"蓝墨云班课"的教学当中,高职院校要注意到自己的网络覆盖,为学生和教师提供好硬件设施。不要因为这样的一个小问题,造成教学效果的减弱,得不偿失。

(三)引导学生共建共享

虽然"蓝墨云班课"的资源有着很强的开放性,但是因为所有资源的主权限都在教师的掌控范围,所以如果教师没有开放权限,就会导致学生不能够自主学习。这样就需要教师时刻管理后台,开放权限。在实际的使用当中,教师可以多为学生放开一些权限,这样既能减轻自己的工作量,也可以让学生进行自主学习。或者在高职院校的思想政治教育工作中,教师和学生可以共同建立一个资源空间,教师作为引导者让学生去建立,在教师指导下让学生学会自己去主动学习,主动与他人分享资源和讨论学习内容,这样既能充分培养学生的个性化学习习惯,达到教育目标,也能够在一定程度上为教师减负。而人性化的管理和教学引导,也会让师生之间的关系更加融洽,有利于在传统教学开展时,师生之间进行良性互动,充分满足学生的需求。

(四)丰富云班课的功能

现在"蓝墨云班课"这样的信息化教学模式已经开始在全国各个高校当中全面普及。作为高职院校的思想政治课教师,一定要认识到这一点。在传统的教学当中注意与"蓝墨云班课"结合,由此来实现教学目的。"蓝墨云班课"目前有资源推送、活动开展、学习跟踪和科学评价四大种类的功能。随着学生的需求不断增多,加上时代的不断发展,"蓝墨云班课"的功能还需要不断改进,以此来适应学生的发展。

第四节 基于"蓝墨云班课"强化思政课形成性评价的研究

一、"蓝墨云班课"与形成性评价

"蓝墨云班课"在上文中已经提过,是 2015 年通过大量的信息技术人员和教育工作者共同协作完成的一款移动教学 App,同时也是目前最完善的并且可以加强监管学生学习过程的移动教学 App。

终结性评价和形成性评价是相对的。一般来说对学生一段学习时间内的学业成绩评价就是终结性评价。终结性评价在传统的教学中占据了主导地位。目前也有很多教师仍然喜欢只用终结性评价来评价学生的成绩,也就是说用期末考试的分数来对学生的成绩做评定,并且期末考试成绩是除了日常考勤评定外的唯一手段。终结性评价的缺陷有很多,例如在这样的评价当中过于片面,导致无法考核学生是否实现了全面发展的教学目标。并且大学期间考试一般只有期末一次,这样也不能够说明学生真正掌握了理论知识。有很多学生都是突击功课,死记硬背,考试过后所有理论知识基本都忘得一干二净。这样的考核只是量化了学生的学习效果,并不能充分说明问题。而针对终结性评价,形成性评价就更加符合当今的教育主张和改革方向。形成性评价是指教师对学生日常的学习表现和成绩,以及学习态度等全方位进行考察,从而做出每个方面的具体评价。这样的形成性评价也可以叫作动态性评价,随着教学过程的跟进,教师的评价也在不断跟进。形成性评价能够更好地激励学生学习,也可以让学生意识到全面发展的重要性。在不断通过形成性评价帮助学生完善自身的同时,得到教师的积极评价也可以使学生获得成就感,从而增加了对教学知识的认同,更愿意进行专业课的学习。

二、"蓝墨云班课"App 在教学中的应用

"蓝墨云班课"App 的具体应用是教师根据课程教学目标和教学计划进行制定的。具体来说就是根据教学计划和课时，教师用"蓝墨云班课"App 定时推送需要学生学习的资料。

（一）推送教学资源

1.资源模块

在推送资料时，教师并不是只通过强大的"蓝墨云班课"App 的线上资源进行查询，就可以将资料总结为教学内容推送给学生。为了呈现给学生最好的课前资料，教师需要在查阅了大量的资料后，根据教学内容和课时计划进行资料的整合和重新编排，再通过多媒体技术来制作微课上传并发送给学生。为保证课前学生可以达到预期的学习效果，教师需要制作相关 PPT 进行教学指导和课前答疑等资料准备。

2.活动模块

"蓝墨云班课"App 在教学平台上的活动模块多种多样。从课前学习到课中的教学设计、再到课后的作业模式以及问答模式，都很好地体现了作为线上教学平台需要具备的功能。并且"蓝墨云班课"App 还有强大的大数据技术做支持，可以对学生在课前、课中、课后的所有行为进行数据统计并且做出分析，为教师的形成性评价做了详细的铺垫。例如学生在课堂中参加过的测试次数，以及在课堂中的发言情况、小组讨论情况，都会被一一记录。尤其在小组讨论和作业提交等环节上，都有设置签到和得分，大家的分值不同就代表了学生的活动程度不同，更方便教师对学生进行评定。教师在 App 后台可以改变每个环节的经验值，所以在课堂中可以多提课堂问题，回答对的学生获得额外的经验值，在最终进行评价时，经验值多的同学便可以获得更好的成绩，这样就增加了学生的积极性。教师全部掌握学生签到情况和分值只需要几秒钟，非常快速。

形成性评价随着"蓝墨云班课"App 的出现，更加量化，并且可以将每个环节更加细分，操作便捷。教师和学生通过手机就可以完成监督

和操作。在日常的考核当中,如果教师记录有误,平台系统还可以帮助教师进行订正,后台有完全正确的成绩授予记录和每个模块的成绩数据统计。

(二)组织教学活动

"蓝墨云班课"平台的诸多功能为教师组织教学活动也提供了很大的帮助。

1. 课前预习

在传统的教学当中,课前预习是一项教师最不好监督的学习任务。很多学生都不会遵守教师的命令去进行预习,教师也没有办法在课堂上对学生进行查看。而"蓝墨云班课"App 的签到功能和数据统计功能,就改变了这个现象。教师在每节课前都会对应将要授课的内容发送到 App 上。教师可以通过数据的显示来查看到学生的预习情况。并且也可以建立相关讨论组,根据学生的活跃程度来确定学生的预习情况,无形当中对学生有了约束监督的作用,同时也增加了师生之间的互动。如果一些同学将 App 设置为消息不提醒的话教师也不用担心,因为"蓝墨云班课"的新功能可以@用户,这样就会让学生得到提醒,并且看到教师推送的信息。在预习当中,"蓝墨云班课"还有机器人助教"小墨"和助学"小蓝"。每周的助教、助学情况都会以数据的形式发送给教师,实现了随时进行有效监督,减轻了教师工作量。在教师课余时间,也能够及时去查看学生提出的问题,让学生进行课前有效学习,提高了教学课堂的效率。

2. 课上交流

在授课中,针对学生的考勤问题,教师不用再像之前传统教学那样进行抽查点名,通过"蓝墨云班课"平台的签到功能就可以对学生进行一键考勤检查,节省了很多点名的时间。并且在讲课之前,可以利用课前的三分钟在"蓝墨云班课"App 上发布课前预习调查问卷,查看大家的预习效果。一方面方便了解学生对知识点的掌握情况和预习程度,另一方面教师也可以将学生频频出错的知识点和考查率比较高的知识点进行区分。这样就让教师的当堂课教学目标更加明确,也有了着重点,了解到在学生的需求中哪些知识点需要着重讲解,哪些知识点可以一带而过。在传统的思想政治课堂中,教学过程都很单一,只是教师自己在侃侃而谈。有了"蓝墨云班课"App,教师可以在线上提出一些观点,来让学生组成几个小组在App上进行讨论,这样节省了教师下讲台走动的时间,也能看到每个学生的发言,省时省力又全面,课堂氛围也更加热烈积极,增强了学习的趣味性,也加深了学生对思想政治教育理论的理解。"蓝墨云班课"平台培养学生的思维能力和解决问题的能力。

3.课后测试

在课后教师通过"蓝墨云班课"发布课后测试,针对重点内容进行习题测验,巩固学生当天所学的知识内容。为了让习题变得不枯燥,教师可以将习题都设置为随机挑选,用这样的方式吸引学生的完成兴趣。并且选择题和判断题的结果都在学生答题之后显示,附带着详细的错误解析和正确的知识点讲解,帮助学生改正自己的错误。如果遇到看了错误解析还不能解决的难题,可以再向教师进行反馈,教师会利用课余时间为学生解答。蓝墨云平台的这一错误解析功能减少了教师的工作量,以往其他的网络云课堂课后作业答案都没有这样的智能功能,讲解主要靠教师人工来完成,这样就导致教师的工作量特别大,每个专业的教师团队都忙得不可开交,而"蓝墨云班课"App已经解决了这一问题,更加智能化的答题系统帮助教师分忧,不再让教师觉得网络云课堂会增加自己的工作量,反而会减轻自己的很多工作量,提高了教学效果。

三、课程学习成绩评定办法

随着翻转课堂的大力实施,高职院校思想政治课程也开始进行翻转课堂的应用。在考核当中,高职院校思政课程采取了形成性评价和终结性评价相结合的方式。也就是说学生取得的终结性评价,是形成性评价和期末考试笔试成绩共同评定的,不再是过去的以期末成绩为单一评价的阶段。

"蓝墨云班课"的考核功能非常科学直观,例如教师设定的考核基数为经验值,60％以下被评定为不及格,60％～80％评定为及格,经验值占基数80％以上评定为优秀。在思想政治教育课堂教学中,学生取得的经验值来自课前预习、课中发言以及相关联系回答情况、课后的复习和作业,还有平时实践活动的参与情况。考核更加全面细致,教师也能对学生做出最细致和立体的评价。在教学过程中,为了学生有计划地进行自主学习和课后巩固学习,教师不是一次性地把所有课程的学习资源全部上传到云平台中,而是按照教学进程来有计划地对资料进行上传。当学生完成一定的学习任务,教师再上传下一部分的学习任务,避免学生接收到的知识点和资料过多,而导致思维有些错乱,找不到学习的节奏。所以教师都是根据学生的完成情况和查阅情况来进行实时上传任务。

在教师上传的每个知识点中,每个资料当中的知识点都配合着由简单到复杂的课后习题来帮助学生进行自评,帮助学生自主测评自己的学习情况,更加强了学生自主学习的有效性,也拓展了自己的知识面。相应的作业,内容由易到难,逐步拓展并提高学生的思想政治理论程度。在教师对学生进行线上形成性评价时,有80.18％的学生获得优秀,剩下的学生都在及格的水平,不及格的学生基本在每个专业都不会存在。如果在传统的教学当中,对学生平时完成作业的情况做评价,大部分的学生都不能达到优秀的水平。而线上之所以这么多学生可以获得这样的优秀成绩,主要还是因为线上教学平台的便利。从课前的引导到作业完成中的监督和实时指导以及学生彼此间的讨论都是取得这么优秀成绩的原因。而这也为终结性评价提供了良好的数据,也让学生的思想政治教育成绩不再是过去的一条标准线,而是由点成线,再由线成面,成为一个多面性的混合式评价。对于学生来说这样的混合式评价能够让学生的思想变得更多维,不再以最终的成绩来说话,才能发现每个学生思想中的闪光点,而不是单靠冰冷的数字来说明一切的教学价值,更能体现出思想政治教育改革的作用。

四、形成性评价在思政课教学中的应用

(一)思想政治理论课教学中形成性评价的优势

形成性评价已成为思想政治教学改革发展的重要推进手段,形成性评价动态的特性,能为思想政治教育改革提供源源不断的数据依据和理论依据,根据这些简单直观的数据和表现形式来让教育工作者更加了解学生的需求和教学方向的改变,能够维系学生和教师的内在凝聚力,取得价值上的认同。

1.评价行为的长效性

形成行为的内驱力就是信仰和文化的长期作用。文化和信仰在行为的形成上起着不同的作用。文化认知的阶段性和信仰的动态变化是人们行为改变的主要原因。在学校当中的以成绩作为终结性评价手段的教学,是让学生在文化上面的升华。但是思政课不同于其他课程,思政课的育人性让其既具有文化功能,也具有信仰功能。思想政治课对学生思想道德品质的教育是文化性的体现。而对于马克思主义及社会主义核心价值观的教育,则是对学生信仰的教育。

2.评价内容的全面性

社会主义核心价值观的确立是信仰的确立,信仰的确立经历了从最开始的理论认知上升到理论情感,最终到理论意志上。从哲学上来讲,任何事物和现象的出现和存在,都同时具备量和质两方面的规定。思想政治课的学习,在学生文化和信仰的形成上也是如此。高职院校思政课的形成性评价要以学生为主体,这样既可以考察学生的认知能力,也能考察学生的其他方面的能力,成为教学目的实现的重要推动力,也能提高学生思想政治课的学习效率。

3.评价过程的完整性

思想政治教育始终跟随着党的精神进行不断改进。在每年的教材当中都会对社会主义核心价值观内容进行讲述。在大学思想政治教育课程当中,对党的十八大的具体讲述还是不够具体。可是通过云课堂教学平台就可以实现将党的十八大做详细讲解。让学生认同中国特色

社会主义的理论,进而在政治和情感上都获得相同的价值判断。价值判断是思想政治教育形成性评价的特有的一个环节。价值判断也是思想政治教育改革的重要培养目标,教师通过多维度的评价,最终可以确立好对学生的价值判断,进而对教学效果和教学目的做出一个充分完整的总结。

(二)思想政治理论课形成性评价方式探索

形成性评价和终结性评价虽然是相互对立的两种评价方式,但是每个高职院校通过不同的修正和结合,让思想政治教育通过这两种评价方式得到了更好的发展。例如我校在思想政治教育的两种评价当中,做出了深化学分制、主辅修制等改变,让思想政治教育改革得到了进一步创新。

1.课堂教学活动的形成性评价

(1)抓好载体,强化教师内功

在创新的课堂教学模式不断涌现的时候,一些教育工作者未免会出现一些疑问,那就是怎么样来确立哪种课堂教学模式是最好的。其实这样的问题是没有固定答案的,因为无论是专题授课还是翻转课堂等线上线下结合的互动课堂模式,都是需要根据教学内容和学生的认知需求来进行的。针对不同的教学内容和学生的不同认知需求,就会有不同的课堂模式进行教学,由此来达到教学目的最大化。所以说现在的教学始终是以学生为主,而不是以教学内容和教师的主观意志力为主。教师的教学过程是为了让学生的价值体系形成。

(2)以生为本,关注学习体验过程

以学生为主体也就是从之前的以教师为本变成以学生为本,这样的思想政治教学理论也符合思政课程中的以人为本。让学生在课堂中获得主体感,再通过启发式教学能让学生对思想政治教育从被动接受知识升华为情感上的信任到最后信仰上的坚持和追求。在课堂的教学过程中,教师可以通过云课堂教学平台来提前上传学生需要预习的资料。例如在讲解思想政治课当中的"崇高理想"这一课时,可以将学生分为不同的小组,让大家在讨论组里通过小组的形式进行互相讨论,在学生的相互讨论之中,教师可以对学生进行指导,最后对学生的发言进行总结,让学生通过讨论上升到对教学内容的学习上。

小组课堂教学是目前云课堂平台中经常使用的一种教学方法。小组课堂教学可以帮助教师多了解学生的想法,同时也可以改变单纯通过云课堂平台交流大家产生的生疏感,拉近学生与学生之间的距离。而教师在小组课堂教学当中也扮演着至关重要的角色,那就是话题的指引者和向导。也就是在学生的讨论之中要让学生紧紧围绕课本教材来进行讨论,而不是讨论与课题无关的内容。这就是教师向导的作用,在指引者的作用上来说就是教师可以通过社会热点让大家围绕教材内容进行理论上的分析和讨论,来发现学生对教学内容的掌握和在分析问题的过程中出现的问题。在讨论中对学生的发言进行适当的引导和指向性评论,在提高学生的创新能力的同时,也提高学生思考问题的能力。

2.借助互联网十,适应"95后"大学生互联网学习的思维方式

目前的高职院校大学生都是"95后"的学生,这些学生的成长环境都是在互联网的浸泡之中,对于移动互联网并不陌生。所以在思想政治教育中,教师可以多运用MOOC平台、Mita助教等新移动网络技术平台来帮助学生进行自主学习。

3.成立马克思主义学院思政课实践教研室(或实验室)

高职院校思政课形成性评价中很重要的一个部分就是对社会实践课的评价。针对这样的情况,我校马克思主义学院的每个教育工作者通过长时间的研讨,也根据目前我校的情况和生源情况制定出了每个年级思政课程应该完成的实践课程。经过教务处及院团委等部门进行联合实行实践课程后,我校思政课教学取得了不错的成果。

(三)实习期实践教学活动的形成性评价

实践活动的评价是最能体现学生对思想政治课程理论的情感判断的。因为在具体的实践活动中,学生的一言一行都会表现出自己的情感认知。所以在教学当中,思想政治教师应该认识到这一点,充分注意到实践教学活动的形成性评价。尤其是对于高职院校来说,很多专业

都有实习阶段,更好判断学生的情感价值。

五、思政课"案例型"课型教学形成性评价模式

(一)形成性评价在高校思政课"案例型"课型教学中的作用

"案例型"是高校思政课的新型课程形态之一,这种新形态课程包含了新的师生观、教学观等创新理念,具有很强的开放分享性。思政课中"案例型"的形成性评价中,因为形成性评价是可以被思政课"案例型"包含在内的,也就是说,"案例型"课程和形成性评价结合在一起,形成性评价会被容纳在内,二者相互融合在一起,相互补充、相互适应。

1. 师生合作优化"案例型"课型教学的评价主体

以案例作为基本的载体,师生之间通过对案例的互相讨论形成平等的课堂氛围和教学环境,由此实现教学目标是高校思政课"案例型"课型教学的本质。这样的创新课型教学要求教师能够对教学进行积极反思,对学习者也就是学生有直接客观的反馈,一改以往传统教学中的沉闷和无趣。丰富开放式的"案例型"课型形成性评价也让学生能够感受到个性化学习的魅力。加强了自身学习的积极性和主观能动性,让自己在课堂当中有主人翁的意识,自己成为课堂的主导,而不是一味地在教师的强制下被动接受知识。高校思政课"案例型"教学的基本原则就是平等互动,教师在师生交流互动中为学生做出平等客观的形成性评价。教学模式除了可以增强学生的学习动机之外,也可以在教师的引导下不断锻炼学生的自律能力和思维能力,真正帮助学生进行全面发展,在不断地引导之下,实现教育目的,同时也不断为高校思政课"案例型"课型教学改进做出铺垫。教师在授课时,必须要注意从根本的观念上转变,时刻牢记以学生为主体,了解学生的需求,坚持教育宗旨来进行平等、互动的创新教学模式,不断在教学改革的路上有所进步。

2. 共享开放丰富高校思政课"案例型"课型教学的评价形式

形成性评价的全面性、多元化、系统性和科学性是上文中已经阐述过的特性。随着我国高职院校思政课教学的不断改革,思政教育工作者越来越注意到了过去传统的重视结果、轻视过程的教学评价是不够

正确的。这样完全以终结性评价为主的评价方式,并不能唤起学生的主人翁意识,反倒是打消了很多学生积极学习的念头。高校思政课本身对于高职院校的学生来说,过于偏重理论学习,即使有实践活动也是很抽象的理论联系实际,和日常的专业知识技能并不相同。思政课培养的是学生的品德和思维能力,并不是专业课中的动手操作能力。而对于考试分数这样终结性评价的结果,学生完全可以凭借突击来完成。而且很多思政课程是开卷考试,这样就更加让学生没有了学习动力。所以如果想要加强学生对思政课的重视程度,必须要重视形成性评价,不能只是通过终结性评价的成绩加上以往的考勤就可以下最终结论。所以高职院校的思政教师必须摆正课程的位置,通过高职院校思政课程的教育目的和学生的心理出发,来重新对学生评价进行审视。教师评价对于学生来说起到了一个鼓励和修正学生行为的作用。所以在评价当中必须要遵循多元化的标准,要细分评价指标,例如:学习态度、学习能力、学习效率、合作精神等方面都应该被详细划分出来对学生进行评价。持续不断地形成性评价,对学生改正自己的缺点正视思想政治课程有很大的作用。丰富多元的指标能够让学生更清楚地认识自己的不足,更加有了学习的能量,也会对照教师的多元化评价进行一一改正,并且还增加了师生之间的互动,不仅提高了教学效果,还加深了师生之间的情感。

3. 提高高校思政课"案例型"课型教学的评价质效

思想政治教育多元化的形成性评价手段是思想政治课程发展的客观需要。很多教师都了解如何来细化评价指标,但是在具体的教学过程中,有一些教师却未必能够做到将每方面的考核都落实到底。在实践上教师需要克服很多障碍才能实现,所以这就要求思想政治课程教师做大量的工作,也要注重对教学实践的课程安排。只有在教学当中真正做到能够对学生进行全面的形成性教学评价,才能够真正了解学生对知识内容的掌握程度,以及道德品质和思想的进步程度。如果没有落实到实践当中,教师还是只能通过成绩来作为评定学生的唯一标准,思想政治教育改革还是一句空话,并没有真正实现进步。其实,教师在工作当中不能够将高校思政课"案例型"课型教学想象得过于复杂和工程庞大，要正视这样的创新教学模式，这样的创新模式不仅仅是一个挑战，更多的是带给教师在教学改革进步中一个重大的机遇。传统单一的教学模式已经不能够适应当今思想政治教学，如果一味地遵守传统而不进行任何创新和突破，教学工作的意义就会减弱，自己本身的能力也不能得到任何提升，也就没有成就感。对于教师来说，在讲课当中没有成就感是一件非常让人情绪消极的事情，所以作为一个教师，必须让自己处于一个兴奋点上，不执着于传统教学，也不总是拘泥于一个丰富生动的教学方式而不重视传统教学内容的讲授。教师必须将各种教学模式的优点结合在一起，达到教学目标，这是教师教学的最终目的。充分发挥创新模式的优势，让课堂不再单一是为了增强学生的学习热情，而对传统教学方式的运用和对传统教学内容的保持，则是为了达到教学目的。总而言之，一切都是为了提高教学效率和教学效果。

（二）形成性评价在高校思政课"案例型"课型教学中的实施路径

形成性评价在高校思政课"案例型"教学模式中的具体实施路径为：

1.培养学生树立起积极的学习态度

在目前我国高校思政课教学实现教学目的的过程中，都把"案例型"教学模式当作一种有效手段和途径，可以看出"案例型"教学模式为学生树立明确的学习目标起了重要作用，真正唤醒学生的课堂主体意识，不再以接受知识的身份来加入到学习当中，而是以获取知识的身份来活跃参与课堂中的各个教学过程。在教学交流和讨论的过程中，教师可以从学生的活跃程度、知识理论的掌握和理解、具体分析问题的能力等方面进行全面的了解，从而做出形成性评价。这样的教学模式和评价方法对于高职院校的思想政治教育来说，要比以往的终结性评价更能看出学生对思想政治理论的接受程度和思维认同度，教学目的的实现程度也能通过教师的行动而反映出来，要比冰冷的数字成绩来得真实有效。高职院校思想政治教育本身就是一门培养学生正确的思想政治观念、道德观念及思维能力的人文性学科。纸面上的成绩并不能代表学生形成了良好的思维能力，但是具体的行动就可见一斑。理论联系实际是成功的基准，所以思想政治教学也是这样。形成性评价很好地体现了理论联系实际的具体做法，也为教师得到有效教学反馈提供了大量的数据支持和现象支持。让教师在做形成性评价的过程中，对自己的教学方法改进也有了方向。在一定程度上，加强了教师教学的能力。

2. 完善健全形成性评价的激励机制

激励机制顾名思义就是为了达到具体目标而创立的一套机制。在传统的高校思想政治教育当中，激励机制都是通过学校管理部门和专业课程教师在一起讨论出来的。在建立激励机制时，很多教育工作者又容易以教材为主体，或者是以自己的主观意识为主体，没有重视学生的个性化需求，所以在开展当中并没有起到很大的激励作用。在传统的教学当中教师这样的激励机制屡见不鲜。也就是很多教师在具体的教学评价中，对于在教学过程中不缺勤、积极发言的学生都会给予加分，最后的成绩如果都达到 80 分以上，一般总分都会在 90 分左右或者是通过笔试成绩更高，会获得 90 分以上的成绩。对于那些表现一般但是不缺勤的同学也都是会给及格线 60 分以上。对于这样的激励措施，很多学生的笔试成绩并不是通过平时的日常积累而完成的，而是通过在期末教师划定的考点内容来进行考前突击，以保证总评分不低于 60 分而避免补考或重修。用这样的加分激励制度虽然方法更加简单方便管理，同时又能起到一定的激励促进作用，但是在课程学习自主性上，还是没有得到加强。打分激励制度，只是在客观程度上从成绩上对学生有所激励，学生还是在进行被动学习，太过注重学习结果而不注重学习过程和对知识的领悟。所以对于教学目的中的实效性来说作用不大，它的积极只是停留在表面上的活跃，并不是学生对高职院校思想政治课程理论知识的内化。

要想让高校思想政治教育课程的实效性发挥到最大作用，就必须要建立完善合理的形成性评价机制。在建立过程中,教育工作者要注意到以下几个方面:第一是要对学分激励有一个正确的认识。学分固然是学生想要追求的一个重点,也是促进学生积极性的一个关键点,但是过于追求对学分的重视,就会让学生忽略了对思政教学理论的全面理解和行为渗透。所以在学分激励上面,教师要制定一个合理全面的标准,不能够只通过学分激励来进行激励机制。第二是不能将学习分数和学习结果同分数完全挂钩,也不能从分数的结果来完全审视教学过程和评定教学效果。第三是对学生主动学习意识的激发,和对师生之间平等关系的灌输和沟通。只有做到以上三个方面的完全遵循,才能够形成长期有效的完善激励机制,才会更加高效地达到高职院校思想政治教育的目的。促使学生可以主动通过自评、同学互评及教师的评价来对自身问题进行改变,培养学生全面成长。在激励机制上做到以上三点后,要形成系统化的模式,为学生制定心理上的目标,不断激发学生明确学习目的。

3. 丰富形成性评价的手段与方法

高职院校思政课"案例型"教学模式非常丰富,例如课堂发言、演讲、实践教学等。与之而来的是它也具有多元化的评价模式。例如访谈、学生自评、教师测评、同学互评等方法,在传统的教学方法和测评方法的基础上,增加和创新了很多新的评价方法和评价内容。高职院校思政教师应该鼓励学生为自己建立详细的学习档案。这样可以方便之后的考试复习和巩固。在整理中也更加加深了学生对理论知识的学习,进一步拓宽了学生的知识面和对知识点的理解深度。这样的学习档案应该被列入形成性评价的考核范围当中。对于很多同学疑惑的教学档案如何具体建立的问题,教师可以帮助学生进行详细细化分类,再让学生一一去按照教师整合的方面去做。这样对学生来说对思政课课程的内容更加清晰,让思想政治教育课程的学习更加有逻辑性,同时也在不断地整理和思考当中,激发起强烈的求知欲望,拓宽了高职院校学生对于思想政治教育课程学习的深度和广度。

4.构建实施形成性评价的保障体系

形成性评价的实施需要具备完整的体系去支撑它的理论管理和考核,不仅需要教育管理者的支持,也需要信息技术人员的支持。目前来说,形成性评价有一些难以实施的地方,一方面是难以突破的技术性问题,另一方面在教育管理工作上也有一些问题没有得到处理。

在教育管理工作支持上的第一个问题就是,目前在我国的高校思想政治教育工作中,很多传统的教育思想和观念对形成性评价的实施还是有很大的阻碍。因此相关教育工作管理部门需要为高校思想政治教学的形成性评价实施,制定出合理科学的支持政策。而在具体实行时,很多高校还是强调以考试成绩为评价主要体系,这就让学生的主要注意力还是在期末考试分数的终结性评价上,并且很多学校还是根据学生的这些期末考试成绩来对教师进行评定。这样的评定方式,让"形成性评价"有理可循,却没有实际的行动能力,不能实际贯彻下去,这就使形成性评价成为一个空中楼阁,起不了任何的作用。高职院校的素质教育只是徒有其表,实际上这样的思想政治素质教育还是应试教育,只不过是以看似是素质教育的形式来存在着。可见,建立一个有效的形成性评价机制对教师和所有高效的教育工作者进行指导是多么重要的一件事情。现在,在高职院校的思想政治教育课当中,很多学生在课堂上是放空状态,也不愿意积极参加教师的启发式教学。因为学生了解了思政教育的考核形式,对思政教育课程的印象已经开始固定,一旦固定就不容易去改变,都抱着期末临时抱佛脚的心态去学习思政课程。

第五节　基于云平台的思政课形成性考核档案管理研究

思政课形成性考核档案资料数据量庞大,形式多种多样,云平台为档案的收集、管理和开发利用提供了有效载体。其具有完整收集、高效管理考核档案,并可进一步开发利用的优点。

形成性考核是实现思政课多维课程目标的有效手段之一,形成性考核产生繁多考核档案的管理问题也随之提上议程。随着互联网、大数据和云计算等技术的普及应用,云平台为实现方便快捷地收集、管理和利用课程考核档案提供了可能。

一、思想政治课程考核档案

课程考核是依据课程教学目标对教学过程及结果进行价值判断并为教学决策服务的活动,是对教学活动现实的或潜在的价值做出判断的过程,它对教学有着诊断、激励和调节的作用。课程考核档案指的是真实记载任课教师考核实践中产生的那些具有保存价值、能够客观真实评价学生学习成绩和学习效果的基础资料,它为教学管理和研究提供资料依据,也有利于改进课程教学和提高教学质量。

思想政治理论课是一门价值观、道德观和法治观养成的课程,课程考核的重点不是知识和信息的记忆,而是把知识和信息从简单地获取上升到由表及里的综合分析践行,从而整合锤炼判断力、思辨力和践行力。否则,零碎的知识非但起不到教育作用,反而容易徒增虚浮夸耀之气。① 因此思政课的考核方式也由原来注重终结性评价过渡到形成性评价,理论考核和实践考核并驾齐驱。以笔者所在思政课程为例,该门课程的考核安排如下表所示:

成绩组成	平时表现成绩	平时项目作业成绩				期末考试
项目形式	(包括课堂状态和出勤情况)	项目一(人生整理实践)	项目二观影悟社会主义核心价值观	项目三绘制法律思维导图并提问	项目四法律问题答疑汇报	(闭卷形式)分为选择题、判断题、简单题和材料分析题

---

① 黄华:《赫尔巴特》,北京师范大学出版社 2012 年版,第 84 页。

成绩组成	平时表现成绩	平时项目作业成绩				期末考试
档案内容和形式	1、出勤记录 2、学习态度记录	1、整理视频 2、汇报课件 3、总结文字 4、分组名单 5、项目评分	1、影片片段 2、汇报课件 3、感悟文字 4、分组名单 5、项目评分	1、思维导图 2、提问问题 3、项目评分	1、汇报课件 2、分组名单 3、项目评分	1、考试试卷 2、答题卷 3、成绩单 4、课程分析单
成绩比例	20%	10%	10%	10%	10%	40%

考核档案也由原来文字形式的试卷、答题卷、成绩单和课程分析单,变为集文字、图形、声像于一体的资料。这样的考核方式推动课程改革,增强课程实践性,增加课程共享性,增加课程选择性,注重个性化教学,丰富了教学资源。但种类繁多的课程考核档案如何便捷收集、管理和利用,却是一个新的问题。随着互联网、大数据和云计算等技术的普及应用,教学平台应运而生,为课程考核档案的收集、管理和开发利用提供了载体,为实现客观、公正、全面的课程考核提供了可能。

二、云平台在课程考核档案管理中的作用

云平台为课程提供云基础设施、支撑平台、资源服务、数据处理教学服务等,构建完整的教学资源管理平台,进行结构化与非结构化数据的教育教学资源管理,并支持教学资源的二次开发与利用,实现多种教学资源综合应用等。云平台可以将师生在教学过程中产生的数字化内容通过平台提供的空间及资源管理系统实现"收、存、管、用"。以笔者正在使用的"蓝墨云班课"为例,它可以上传文字、图表、声像等不同载体的文件资料,也可以进行投票问卷,头脑风暴、答疑讨论,小组任务和测试等活动形式,可以发起签到,实行考勤。资料可以在 PC 端上传,也可以在移动终端上传。

（一）完整收集课程考核档案

在平时项目考核中,教师通过云平台中发布项目活动,发布的活动形式有作业/小组任务,投票/问卷,头脑风暴,答疑讨论和测试等,教师

根据课程教学目标,可以设计理论或者实践考核体系,成果可以为文字感悟、照片记录、录音记录、视频拍摄等,学生通过登录平台完成提交考核成果,完成考核任务即可,所有的考核数据都会在云平台生成并保存。下面以一个项目考核作为案例进行阐述。

考核项目:怦然心动的人生整理魔法。

考核目标:1.通过整理养成良好的卫生和生活习惯,加速适应大学生活,并在整理的舍弃、分类、归置等过程中感受自己的情绪,厘清自己的思维,悟出人生的道理,做到知行合一。2.通过小组合作,促进小组成员之间的交流和合作;通过课堂汇报展示,提升表达能力,起到同伴之间的示范作用。

考核要求:1.课前观看电影《怦然心动的人生整理魔法》,电影资源通过"蓝墨云班课"进行上传2.以小组为单位,("蓝墨云班课"有分组功能,小组成员一目了然)按照电影中的要求对自己的家、房间或者寝室进行整理,写出整理前后的心情感悟,并用电子相册或者微视频记录整理的过程和变化,将电子相册通过蓝墨云小组任务作业一栏上交。3.同学对整个作业过程进行反思总结,并将反思和总结在"蓝墨云班课"头脑风暴进行跟帖。

项目的最终考核档案包括电子相册或微视频的声像档案,以及以感悟和总结的文字档案。教师在"蓝墨云班课"教师端进行评价给分并结束活动,相关档案就可以从班课中导出。

(二)高效管理课程考核档案

教师将收集上来的各种考核档案分类,归入"蓝墨云班课"里的题库、资源库和活动库中去,库在归整时,既可以批量操作也可以单独操作,既有选择性,又有快捷性。

学生平时表现情况,如出勤和学习表现等在传统考核方式中是比较难以量化收集的,涉及的工作量也非常庞大。"蓝墨云班课"设置用户勋章体系。该勋章体系分为基本素养、学习态度、学习习惯、综合能力、知识掌握、应用知识6个维度,每个维度下则设置了多个形象、直观、有趣的勋章,每个勋章都代表了一种用户行为特征。根据用户在云班课的行为数据,系统自动授予用户勋章,每个勋章还可以通过行为数据的累积而不断升级,从1级开始升级,上不封顶;达到一定级别,还可以升段位,从青铜段位到白银段位到黄金段位。老师通过了解一个学生所获得的勋章,就能够初步判断出这个学生的不同维度素养、不同行为特征,能对这个学生在云班课学习中的表现有所预判,这为学习表现提供了可量化的标准。而"蓝墨云班课"的签到功能,方便快捷,也能保存出勤记录,一个学期下来学生的出勤情况一目了然。

(三)开发利用课程考核档案

建立好题库、资源库和活动库之后,这些库可以移动到教师所建的所有其他班课中,教师可以单独建立一个以"课程考核档案"为名的班课,将每学期每门课程的考核档案移动到该班课中去,保证自己所授课程和班级考核档案全部进行云平台管理。这样有助于展开对班级之间考核情况做横向和纵向的对比。

云平台档案方便同行之间进行交流,可以邀请熟悉的同行进入名为"课程考核档案"的云班课中,在该云班课中同行可以查阅考核资料,可以上传分享同行自身的考核资料,也可以就考核问题展开交流讨论,共建共享课程考核资料。

对于不熟悉的同行,教学包形式的考核档案充分发挥了桥梁纽带作用。教学包是一种基于"蓝墨云班课"平台的全新的课程档案,具有引用高效、共享方便等特点。通过发布教学包,可以将教学和活动档案发布在蓝墨教学包专区,便捷分享给其他老师,建立起与他们的课程交流。选择需要打包的考核档案,进行结构编辑后,选择到特定的机构发布或个人发布,并选择是否需要授权才能引用,发布的教学包通过审核后,同行间就可以体验课程分享的乐趣,实现没有围墙限制的课程交流。

三、思政课程考核档案云平台化的优势

(一)方便、快捷和高效管理考核档案。

课程考核档案通过云平台进行管理后,思政教师可根据自己的权

限范围,通过云平台分组上传相关考核资料,不受时空限制,方便快捷。档案管理人员只需进行电子归档,档案数据录入工作量大大减少。云平台使用实现思政考核档案数字化、网络化和智能化,推动思政课教学档案管理步入新阶段。思政课考核档案管理信息化服务网络通过云平台建立雏形,充分利用现代信息技术互联网检索和信息查询服务的同时,还能够充分挖掘课程教学档案信息资源自身的累积性、综合性和数据性等优势,从而激活和利用现有的信息资源,重新优化组合相关信息,使之把优势效应发挥出来。

（二）实现考核档案大数据分析。

考核档案中蕴藏着大量的数据信息,而云平台使得这些信息变成数据得以保存,这些数据体量巨大,生成速度快,类型多样,价值密度低,如果能够对这些数据进行分析,可以获得课程考核的许多信息,为今后完善和提升课程考核指明方向。

传统意义上的考核档案分析大部分局限在分数上,这和思政课实现多维教学目标是不相符合的,有了大数据分析功能之后,分析的标准会更加宽泛。云平台会对考核资料的内容和形式进行数据分析,检测考核内容是否分布合理,过程性考核时间节奏是否合理,考核形式是否多样化,能否能满足不同学生的需要。通过男女生的学业情况、不同专业学业情况、同一专业不同班级学业情况等对比分析,为今后提供个性化精准教学提供有力证据。

（三）发挥考核档案的新价值。

云平台赋予静态的课程考核以新的生命活力,实现归档后的资料在平台使用者之间的持续共享共建,进一步发挥档案的功能与价值。

附:"蓝墨云班课"教学活动案例

案例一:心动的人生整理魔法,心动的思政课堂

如何让思政课真正入脑、入心,如何让道理真正走进青年人的内心,是思政老师一直在探索的课题。这位老师以项目为载体,从整理入手,去领悟人生别样的魔法。

一、项目目标

1. 通过整理养成良好的卫生和生活习惯,加速适应大学生活,并在整理的分类、舍弃、归置等过程中感受自己的情绪、厘清自己的思维,感悟人生哲理,做到知行合一。

2. 通过小组合作,促进小组成员之间的交流,通过课堂汇报展示提升表达能力,在同伴之间起到示范作用。

二、项目要求

1. 在"蓝墨云班课"以作业/小组任务的形式,安排观看电影《怦然心动的人生整理魔法》。

2. 以小组为单位,按照电影中的要求对自己的家、房间或者寝室进行整理,写出整理前后的心情感悟,并用电子相册或者微视频记录整理的过程和变化,将文字和视频通过"蓝墨云班课"上传,老师遴选优秀作业进行 5 分钟的课堂展示。

3. 学生对整个作业过程进行反思总结,并将反思和总结在"蓝墨云班课"进行跟帖。下面让我们一起来领略大家的成果吧。

作品 1:

仅仅丢弃是不够的,还要收纳在特定的场所,根据需要将某类型物品放在同一地方,将自己所拥有的东西,一个不漏地给它们设定位置,

在每次使用之后都能回归原位,这样家里就能一直保持整理完的状态。长此以往,就会越来越清楚自己需要什么,不需要什么。在我们的实际生活中,我们也常常忙于整理我们与很多人的情感,却忽略了与自己朝夕相伴的物品,我想看这部电影的意义也在于此。与物的相处其实是我们对自己的生活和人生的梳理和对话,我们要用心去听自己身处的世界里的每一个声音。这部电影告诉我们,只留下能令自己怦然心动的物品,丢弃所有不心动的东西,每天被心爱的物品包围,感受满满的正能量。生活中有很多事情其实也像房间一样需要定期整理,把不需要的东西清理掉,需要的东西摆放整齐,才有空间来容纳新的东西。

——2017 级护理 1 班　姚雏凤　杨晨　杨一娜

作品2:

这部影片给我的启发在两个方面,一是怦然心动法则,一是整理对人生的意义。"怦然心动"法则在运用时最重要的是你要先认识你自己。只有你认识自己,你才能明白什么能使你怦然心动。

我们对自我的认识通常都是有障碍的。自我认知的障碍通常有自以为是、不能自省、坐井观天。

自以为是——"自己这个东西平时是看不见的,和很强的、水准很高的东西相碰撞,反弹回来,然后才知道自己是什么东西。"而自以为是就切断了我们认识真正的自己的途径。然而固执的想法一旦扎根,你可能就被它主宰了。你可能为了让自己看起来很酷,拒绝听取其他人善意的意见。你可能把他人对你因某件事而进行的批评看作对你为人的不认同。其实这是你心甘情愿地被你自己的情绪、意识所控制。

不能自省——我们每个人每天都会挑剔各种东西,可能是食堂、室友、父母,但是,你可能很少甚至从不挑剔你自己的思想。

坐井观天——我们生活在学校这个环境中,就像小池中的小鱼,你看不见外面的世界,你活得非常自我。一个人应当做大池里的小鱼,你只有多读书,多与人交流,才能游出你的小池,走出你的舒适圈。

认识自我的方法,是观察。你要学会观察你自己,不要每天都不知道自己在做什么。很多时候,当你觉得自己在某方面有问题,你就需要观察自己在这方面的习惯。比如你感觉自己时间不够用,就需要记下自己一天之内做的所有的事情和所用的时间,然后你要观察自己的时间安排,做出诊断,再重新安排自己的时间。

"人生整理"是以整理为切入点,对你的内在进行改变,从而由内而外地去整理你的人生,你首先要允许你自己的成长过程是不完美的,并且在改变的过程中接纳自己使用旧的模式。

允许成长过程的不完美。我的工作,我的成绩,我的职位,我的失败,所有外在的东西都不是真的我。我们感觉不好时,总是想去逃避,视而不见,但是,"凡是你抗拒的,都会持续"。当你抗拒时,你就会聚焦在那种情绪上,会赋予这种情绪更大的能量。歌德曾遭遇两次情感上的挫伤。此后不久,他的好友为爱上有夫之妇而自杀的噩耗传来,悲不能已的歌德用不足一月的时间创作了《少年维特之烦恼》。这部自传式的书信体成长小说,之所以能让我们阅读时那么投入大概就是因为真实。而歌德自己也说,维特就是他自己。他当时悲伤得想要自杀,可是又没有勇气结束自己的生命。所以他在创作中回忆自己从坠入爱河到梦幻破灭后撕心裂肺的疼痛,在那段创作的时期中他就是边写边哭,像进了梦境一样,重新经历了那段历程,最终接纳自己的悲伤,直至书中的维特死去,他自己也获得了重生。所以,要允许、接纳自己成长过程中那些不完美。

在改变的过程中要允许自己犯错误,允许自己回到旧的模式当中。你意识到自己回到了旧的模式时就是一个好的开始,说明你已经开始走入新的模式中。比如,我本来写字潦草,现在每天都在坚持练正楷。但是我平时写东西时还经常回到那种不工整的字上。这就是说我还不能灵活地运用新的、好的模式。这时候我不应该否定自己,我应该看到自己已经有意识使用新的模式了。这就是改变的开始。

这个世界中,你所看见的人和事,都是你内心的一种反射。只要你内心改变了,外界才会随之改变。

——2018 级口腔 2 班　王悦

案例二：看经典影视，悟核心价值观

社会主义核心价值观对于促进人的全面发展、引领社会全面进步，对于集聚决胜全面建成小康社会、实现中华民族伟大复兴中国梦的强大正能量，具有重要的现实意义和深远的历史意义。

本次项目中，学生以小组为单位，观看一部能彰显社会主义核心价值观的电影、电视剧或者纪录片，并将影视剧中最经典的部分剪辑成10分钟左右的微视频，配上500字左右的文字，解读它是如何诠释社会主义核心价值观的，文字和视频通过"蓝墨云班课"提交，教师将遴选优秀作品在课堂上进行汇报展示。

学生们选取的电影、电视剧题材广泛，有气势恢宏的《建党伟业》，有诠释国家强大、国民有尊严之富强精神的《湄公河行动》，有反映干一行爱一行，具有敬业精神的《外科医生》，有从外国视角衬托祖国强大，发扬爱国精神的《战狼2》，也有从特殊人群身上体现的爱国、友善精神的《金陵十三钗》，也有反映人与自然和谐的《美人鱼》。最后老师在30个小组中选取了16个小组进行汇报。下面我们选取一些作品和大家分享。

作品1：

干一行，爱一行，敬一行，我们以后会成为护士，也会参与到这些医疗事件中。电视剧《外科风云》为我们比较真实地呈现了医院医护人员的工作面貌，虽然艺术来源于生活又高于生活，但这也在很大程度上反映了医护人员的敬业精神。《外科医生》以胸外科、急诊科为主，讲述了每个医生的心理历程。院领导一切以医院名誉为主，傅院长已经不能再做手术了却为了名誉冒险手术，而庄恕为了病人阻止了院长的自私行为；杨主任为了当上院长，在一次地震中大量收进病人，但无法做到无菌操作，导致病人交叉感染。这些是自私的行为，但他们也认识到了错误，并且努力拯救病人。这部剧中的医生并非圣人，也有自私，但是在关键时刻，在病人需要急救的时候，他们会放下私人恩怨合力救人。无论有怎样的恩怨，但作为医生，他们誓死也守护自己的岗位。敬业，是每一位医护人员的精神。

——2017级护理6班 刘金钗 林佳怡 陆闻洁

作品2：

《美人鱼》是一部以环保为题材的电影,它讲述了人鱼相恋的爱情童话故事,但无法忽略的是电影所体现出的震撼人心的环保主题。为了开发房地产,邓超和张雨绮饰演的商人将声呐放入海湾,以驱逐海底生物离开自己的家园。面对赤裸裸的对金钱的狂热追求,美人鱼姗姗质朴的话语,打动了观众的心:"当这个世界连最后一滴干净的水、一口干净的空气都没有了,钱还有什么意义呢?"

随着人们环境意识的不断提高,当前环境问题越来越引起社会的高度关注。新鲜的空气、干净的水、安全的食品等环境问题一度成为社会热词。人与自然和谐相处是社会主义和谐社会的基本特征之一。要实现人与自然和谐相处,就必须正确认识人与自然的关系,理解人与自然的一体性。我们应该尊重自然,合理利用自然,对自然的破坏和伤害就是对人类自身的破坏和伤害。我们应该重视生态文明建设,爱护我们的家园,共同建设一个美丽中国,实现人与自然的和谐发展。另外人类也应该培养一种精神文明意识,当文明公民,做健康个人。况且世界上的每个生命都是平等的,人的生命不是就一定比任何一种动植物的价值高,我们同样依赖着动植物生存。这些也正印证了社会主义价值观中的"文明、和谐、平等"六字。最后,我们也希望大家能够秉承这部电影的价值观,尽我们最大的努力促进人与自然的和谐。

——2017级护理5班　华晓丹　胡梦羽　方倩倩

案例三:时政述评巅峰对决

前不久,一个学生急匆匆地联系我,大概意思就是正在找工作,笔试、面试,发现很多面试题目居然都是和时事热点有关,于是就想请我帮忙给她理理思路。我先让她答题,在此基础上再给她修改意见。这位学生在校期间也算是各方面表现比较突出的,获得过许多级别的荣誉称号,但我看了她的答题后,发现最大的问题是她分析问题的思路混乱,套话、废话多。

我把这个事情当成案例告诉现在的学生:思政课可能直接和你的

事业有关;思政课不是拿来背的,是拿来分析问题、解决问题的,而这种本事是需要训练的。正因如此,就有了现在每次课的时政述评。每堂课要求每名学生就一个热点问题进行评析,时间控制在5分钟之内,老师和其他同学给予点评。

老师虽然苦口婆心地讲,给他们点评并指出问题,但半个学期下来,每次时政述评都是不温不火,形同鸡肋。最大的原因就是:前期积累和训练比较有限,大部分学生总是就理论而理论,大话、套话比较多,缺乏联系实际、分析实际的能力。有些学生能联系实际,但分析的视角和思路有待引导。老师如果集中在课上引导,那么效果不明显,如果一个个单独引导,则时间不允许。但老师在上课过程中发现有些学生思维比较敏捷、活跃,观点也比较独到,就想能否对这些学生进行重点指导,充分发挥"蓝墨云班课"的功能,让他们发挥同伴示范作用,于是就有了时政述评巅峰对决这个想法。

接下去老师就对每次课的时政述评做了小调整:每次选两名学生进行时政述评对决,并制作海报在"蓝墨云班课"平台进行造势,有竞争才能有压力;老师在活动过程中给予重点指导,确保质量;对决后学生利用"蓝墨云班课"进行投票、评论,发现问题,共同解决。

有些班级的学生会主动报名参加对决赛,大部分学生需要老师进行动员或者直接指定。从选题到调整思路,从内容到形式,老师和学生直接的联系更加紧密,一遍遍不厌其烦地来回修改,在改得面目全非的过程中脱胎换骨。如果不是参加对决赛,学生可能意识不到自己存在的思维盲区。

案例四:授人鱼? 授人渔? ——法律知识教学记

"基础"课中的法律部分内容多,课时少。如何将有限的课时用到刀刃上,这大概也是所有"基础"课老师都需要琢磨的事吧。我跟学生说,如今这个互联网时代,只要你想学就会有资源,比如网上有很多世界各大名校的法律公开课。但同样的资源,放在不同的人面前,学习的效果是截然不同的。背后的根源在哪里? 就是截然不同的学习方法和思考能力。因此,法律部分的内容我会将重点放在学习方法和思考能力上。

规定时间内学习指定章节内容,提出 3—5 个问题,根据指定内容画出思维导图,将问题和思维导图拍照上传到"蓝墨云班课"。画思维导图就是一种学习的方法,规定好时间很重要,让学生养成阅读的速度,而递交思维导图则是让学生保证阅读的质量。后来,有学生还推荐了一款手机端的思维导图软件,群众的智慧真是无穷!

看书是知识输入,这只是自我学习的第一步,接下去就是要对所学内容进行质疑,提出有洞察力的问题。在这些章节中,学生最关注的问题有:法律真的能保证公平公正吗?道德与法律冲突时该怎么做?宪法是如何制定出来的?出现法律漏洞怎么办?法律如何运用到生活中去?我国有跟医疗相关的法律么?熊孩子犯罪怎么办?不问不知道,问后我发现我们的学生够尖锐、够接地气。

有人说能够提出问题,问题就已经解决了一半。接下去老师搜集了 16 个出现频率比较高的问题,把它们做成签让学生分组抽,学生以小组为单位认真回答抽到的问题,并制作 PPT 上台回答,创造了互帮互助、群策群力解决问题的学习氛围。而老师的作用就是批改学生的作业并从思路、结构等方面给予指导。

案例五:我不同意你的观点,但我允许你有表达的自由
——道德问题角色扮演

早些时候,一则医生为抢救患者生命,剪坏患者衣服遭家属索赔千元的新闻曾在坊间掀起过轩然大波。新闻说的是武汉一男子突发肺栓塞致心跳呼吸骤停,在经医院急救医生全力抢救后,终于转危为安。可是事后患者的父亲找到院方,称医生抢救儿子时剪掉了衣裤,导致其裤兜里的 500 元现金、身份证等物品遗失,并向院方索要 1000 元赔偿金。消息一出,网友纷纷斥责患者家属恩将仇报、利欲熏心。人家医护人员好心抢救病人,为了赢得抢救时间,不得已剪掉病人的衣服是常规手段。病人活了,家属却还要索赔,实在太没良心了。事情的真相到底是

什么？这样的新闻会对当事人甚至是社会风气产生什么样的影响？如果你是当事人，你会怎么想？怎么做？理由是什么？

本次课学生们被"蓝墨云班课"随机分成 20 小组，以小组为单位坐在一起上课。小组内男女混搭、班级混搭、生熟混搭。为了更好地完成接下去的小组活动，老师进行了破冰活动，选组长、取组名、确定口号，经过系列暖身活动后，大家逐渐进入了状态。

接下去，老师分别将小组指定为医生、患者父亲、媒体、医院发言人和群众几种角色，请大家分别站在这些角色的立场谈谈自己的想法和做法，并说出理由，老师设定时间为 10 分钟，大家讨论后将结果由"蓝墨云班课"提交。

经过紧张激烈地讨论后，大家的观点纷纷浮出水面。下面我摘录了一些精彩发言分享给大家。

医生 1：

医生的职责是救人，患者的钱包在裤子里，而患者到医院时钱包已经没了，所以至于这个裤子的钱，我们是真的不清楚在哪里。至于衣服，我们是为了救患者才剪衣服的，若是您，咱们换位思考，您是会选择为一件衣服而耽误救治你儿子？还是会像我们这样以救命为第一选择，希望我们可以好好协商。

医生 2：

在情况紧急的时候，我们医护人员第一时间考虑的就是患者的生命安全，所以剪衣服救人的做法是绝对没有错的，毕竟再贵的衣服也没有生命宝贵。一般情况下，医护人员剪掉患者衣服后会由医护人员清理，并将随身携带的物品交给患者的家属，但是在本次事件中医护人员在救治病人成功后，因一时情绪激动，忘记了检查患者的衣物，直接将其当垃圾给处理掉了，这点的确是我们医护人员的疏忽，对于患者的赔偿要求我们也是能够理解的。在这件事过后，我们必当吸取教训，妥善处理患者衣物，避免此类事件再度发生。

医生 3：

如果患者家属和我提出这样的赔偿，我心里当然是非常不平衡的，毕竟在抢救过程中，这些操作是不可避免的。如果因为保护好财物，而耽误了抢救时间那就非常不值得了。但是，没有保管好财物，我们也有责任，我们表示抱歉。如果您需要赔偿，请您先找我们医院进行调解。

理由：

1. 作为医生，必须在抢救中全力以赴，这是责任。

2. 没有做好善后工作，医生是有一定责任的。

3. 在医生心理不平衡的情况下，不会自己进行赔偿，会请求院方出面处理。

患者父亲1：

我觉得一码归一码。我对参与抢救的医护人员心存感激，毕竟是他们救了我儿子的命。但一码归一码，医院提供的服务是有偿的，他们也要承担因自己工作疏忽所造成的后果。虽然你们救了我儿子的命但我应该对医院进行的缴费我也都完成了，我也应该得到一个满意的服务啊，医院就应该负责！

患者父亲2：

我认为应该得到赔偿，首先医院抢救回生命我非常感谢。但是毕竟衣物属于私人财产理应得到保护而不是丢弃，救死扶伤是医护人员的天职，同时也有保管病人财物的义务。我儿子在贵院接受治疗时却丢失了衣物、现金、银行卡及身份证等重要财物，我要求赔偿这些钱并不是漫天要价，是根据所遗失财物而估算的价值，完全是合理的。我认为医院理应给予赔偿。

患者父亲3：

1. 证件丢失，补起来非常麻烦，况且还有金钱丢失，我觉得理赔理所当然。

2. 家里条件不是很好，不然一千块不会太在意的。

3. 手术费就是买医院服务的，家属如果把病人所有财产放在衣服里，被医生扔了。难道要因为被救了一命就不向他们索赔吗？已经花了手术费，况且，确实是抢救的医生不够仔细。

4. 不管衣服值多少钱，就是再微小的东西，医生也应该负责，这是医生的职责所在。

5.医院,就应该维护每一个人的利益,剪了衣服,就破坏了私人财产。

6.不能利用道德绑架病人。

媒体 1:

身为媒体,应该公平公正地报道事实真相,不应当为了博眼球、争热点而歪曲真相。在这次非常具有争议的新闻事件中,我们应当客观公正,不能随意引导舆论走向。此次事件中,双方都有不对的地方,医院未保管好病人的财物,家属应当向医院索赔,因为这件事是医院的过失。

媒体 2:

正如警方调解结果所显示的,从法律上看,医院剪坏了患者的衣服,就应当履行赔偿义务。如果医院要规避这种责任,可能需要在抢救前获得患者家属的签字认可。但是,医院让家属签字的告知书并不包括损坏衣物这一项,而且在紧急情况下,如果联系不上患者家属,医院也有权利和义务直接实施抢救。因此,从医院制度上讲,医院的权益没能得到充分保障;而从患者角度看,“不计较”不等于“不能计较”。当地媒体报道称,患者李先生在武昌一家网吧工作,各种迹象表明他们属于中低收入群体。除了衣服被剪坏,李先生还声称丢失了500元现金、身份证、银行卡、数据线等财物,可能被医务人员当作垃圾处理了。这1000元赔偿对他来说可能真的很重要。现实中,绝大多数医生和患者都应当是彼此互信的。一般人犯不着为了几件衣服计较,但舆论也不必把索赔者的索赔行为当成胡搅蛮缠。每个人有每个人的特殊情况,连医生都能理解李先生的特殊情况,舆论又何必大动干戈地批判一通呢?说到底,医患关系实现良性发展需要每一个社会成员的努力,每一个社会成员也都有权利表达自己的真实诉求。作为媒体,应该如实报道,不应抱着侥幸心理,恶意制造舆论热点。

医院 1

1.患者出现这种紧急状况医院有责任去及时抢救,患者的生命是最重要的。抢救生命就是在与时间赛跑,每个医生都是条件反射般的去救治伤患,但是途中我们医院没有妥善处理好患者的个人用品是我们的失职,今后我们会保管好物品并移交给家属。

2.当时发现患者病情非常紧急,医院会花费大量的人力物力去抢救患者的生命,希望家属能够体谅我们。对于你们财物的丢失,我们感到十分抱歉,但是你们这样做会寒了所有抢救人员的心。

群众1:

作为一个群众,我们认为救人永远是第一位的。对于医护人员和患者来说,时间就是生命,在抢救室,哪里还会想财物等方面。至于剪患者衣服时要不要通知家属,如果时间允许的话可以询问家属,但如果没时间的话也不能因为这个耽误救治病人,毕竟救人才是第一位的。

群众2:

患者的父亲索求赔偿的行为可以理解,但未免会使医护人员心寒。医护人员保障的是病人活下来的权利,在身外之物面前,生命是第一位,那些物品难以换回李先生的生命。衣服可以再买,但是生命只有一次。这一事件也从侧面体现了医疗体制不够完善,还需要不断改进。在生命面前,金钱是那么无足轻重。如果医者为了保护患者财产而以患者的生命安全为代价,那才是这个时代的悲哀。

最后老师引导大家了解真相、换位思考、理性分析。我们希望能够通过讨论,让社会变得更美好,让医患关系变得更加和谐,而不是因为类似的问题,让我们的生活变得更加艰难。

案例六:雕牙小思

第一个学期的"牙齿解剖与雕刻技术"专业课程已经结束。这门课程是我们口腔医学技术专业的核心专业课。回顾一学期的学习,有一些感受和思考。

如何雕好一颗牙齿?就目前我的认知看来,需要责任感,思考、分析和解决问题的能力,以及刻意练习。下刀前,要确定手中的石膏棒承载的责任,明确这次行动的本质,是我的责任心。这个责任不是外界强加的,而是一种完全自愿的行为。我主动承担自己雕刻好牙齿的责任,这种责任内化于心,成为自己的价值观,成为实现自我价值的动力。

下刀后,要学会独立思考,分析解决问题。第一个作品"上颌中切牙"是在老师的指导下完成。遵循步骤,每完成一个步骤后,老师会帮忙修改。结束时,我看着那颗和老师共同完成的牙齿,自信满满。我自认为自己是一个善于思考并且讲究学习方法的人,老师给我修改时我静心观察。所以当我需要独立雕刻一颗牙齿作为考核作品时,我是信心十足的,结果七十多的得分让我大失所望。

没有太多的时间用来失落,我就开始寻找自身存在的问题。一个人泡在图书馆,对着课表的评分标准和牙齿浮雕图反复对比,记录出每一个不符合要求的点,逐一改善,然后再去征求专业老师的意见,直到他说挺好了。至此,我确信在雕刻的学习中,思考、分析和解决问题的能力相辅相成,缺一不可。

课程后,刻意练习可以让你弯道超车。雕刻第二个作品"右下颌磨牙"后,班里一些在开始雕牙时天赋并不出众的学生脱颖而出,后来才知道这些学生经常帮助别的同学雕刻和修改牙齿,这让我开始思考"分析、思考"与"大量练习"孰轻孰重。为了弄清这个问题,我看了关于刻意练习的实验报告和文章。其中有一个实验对于雕牙非常有借鉴意义。实验将测试人员分为两组,让他们学习做碗:告诉第一组的人,数量不重要,关键是要想办法做出一只美观的碗;告诉第二组的人,做的碗越多越好。评选之后,最美观的碗在第二组作品中产生。至此,我明白了刻意练习之重要,确实是意料之外的收获。"刻意连续",大量的刻意练习,一个看上去是漫长而遥远的道路,其实是成就优秀的捷径。当然,在大量刻意练习上加入思考分析的元素,应该可以从优秀走向卓越。

学习过程中除了自我学习,还有互助学习。优秀的学生可以通过帮助其他同学一起把知识掌握得更扎实,实现共赢。

以上是我对雕牙学习的思考,我称之为"牙雕精进"。比起牙雕本身,这个书写过程是知识梳理,是反思,是精神上的提升。每天独处的时间出乎意料的少,基本上一天都在"做一大堆该做的事"或"其实不想做但不得不做的事",每天花点时间去回顾自己的雕牙之路,觉知自己的能力和情绪。敏锐的觉知力使我在牙雕课甚至其他学习中也走入精进。至此,我发觉行为和心理的历练,思维和决策能力的学习,是超越知识和技术的。

——2018级口腔2班　王悦

在讲到深化供给侧结构性改革的时候,教师在蓝墨云班课发布讨论:用供给侧改革理论分析老年护理专业的办学情况,从课程设置、师资队伍、办学条件等方面谈谈学校如何有效供给才能满足你的职业需求。全班54名学生提交自己的需求,教师将资料导出交由课代表,课代表综合各名学生的需求给出下文,教师将此文交给老年护理专业负责人,为专业思政协同育人打下基础。这样的活动既锻炼了学生在实践中灵活运用政治理论的能力,也让学生更加深入关注自身的专业发展。

案例七:老护专业供给侧改革之我见

"中国特色社会主义进入新时代,我国社会主要矛盾已经转化为人民日益增长的美好生活需要和不平衡不充分的发展之间的矛盾",习近平在十九大报告中做出这一重大论断,并对重要领域和关键环节改革做出部署,强调要"以供给侧结构性改革为主线,推动经济发展质量变革、效率变革、动力变革"。

供给侧改革,就是从提高供给侧质量出发,用改革的方法推进结构性调整,矫正要素配置扭曲,扩大有效供给,提高供给结构对需求变化的适应性和灵活性,提高全要素生产率,更好满足广大人民群众的需求,促进经济社会持续健康发展。

举个简单的例子吧。二十年前,小王的父亲经营一家早餐店,生意红火,但是近十年来,生意越来越差,很多老顾客也是念着旧情才间隔五六天才来一次,小王纳闷了,为什么自己用更好的食材做早餐,买的人却越来越少？小王来到几十里外的一家生意极好的早餐店,刚看菜单的时候就发现了问题,他们家提供的都是一些精美,味好的早点,蔬菜沙拉,汉堡,土司……小王猛地明白现在已经不是十年前了,人们的生活水平已经提高了,对早餐的要求也不仅仅是吃饱那么简单,而自己还像十年前那样卖简单扛饿的早餐当然满足不了人们的需求,于是回去之后,小王修改了菜谱,将早餐换成了流沙包,八宝粥,千层蛋糕等,吸引了大批顾客回归。

理论如果不运用到实际,那么理论于我们大部分人而言也就只是枯燥的文字罢了,要做到理论与实际紧密结合,能用理论解决实际问题,从枯燥的文字中解脱出来,才能发挥其指导作用。

经济结构中供给侧结构性改革的实质在于如何处理政府和市场的关系,那么同理可得:教育生活中的供给侧结构性改革在于如何处理学校和学生之间的关系。学生是基本公共教育服务的最终体验者和消费者,满足学生的个性化发展和多元化需求是教育供给侧结构性改革的应有之义。

我们在宁波卫生职业技术学院第一学年已经过去3/4了,作为需求侧的我们结合自身学习生活体验提出了自己的要求,将这些要求整理一番,总结如下:

第一,在现阶段我们的学习生活中,有着深刻的互联网烙印,学习的场所不仅是传统的课堂,网络平台也提供了许多优质教育资源,学习途径从传统的课堂模式到现在的线上线下相结合模式,学生可以在任何时间地点学习,获得知识的方式被拓宽,但是,问题也随之而来。老师教学所用的App种类多样,学生非常容易搞错软件,平时作业,测评基本都在App上进行,对于那些习惯于纸质书籍学习的人,网上学习没有那么好的效率,而且缺少这种笔头记忆,很多人在考试的时候经常写错别字,或者知道答案,却写不出文字。而且,晚自习规定,不可使用手机,那么同学们无法观看视频等相关资料学习,仅靠书本解决起实际问题来很慢,造成了晚自习的效率低下。

第二,我们所学的专业是护理(老年护理方向),当今社会老龄化问题越来越严重,老护专业应运而生,但是大部分同学认为老护专业和护理专业就目前来看,不管是课程还是学习的内容都是一样的,没有针对老年护理专业的相关课程。让很多人心里都产生了疑惑:我们老护到底和护理有什么区别?大一都快结束了,我们都不太清楚老年护理到底要干吗?

第三,大学有必修课和选修课之分,必修课的数量和内容是有限的,它在知识的深度与广度上受到一定的限制,而选修课可以弥补必修课的不足,可以对必修课的内容进行拓展和深化,也可以发展学生的特长,强化了学校课程与知识世界的动态联系。但实际上大部分同学认为选课难度太大,校园系统一到选课的时候就崩溃,很多人都选不到课,也有很多人为了拿到选修课的学分,根本没时间考虑自己的喜好,只要是能选的课程就选,这样一来,选修课非但没有起到它应有的作用,反而加重了同学的负担。

第四,选修课的问题讲完了,我们来谈谈必修课吧!同学们认为一节课的内容太多、专业性太强了,连着上两节课,课间休息仅 5 分钟,很多同学无法集中注意力去听课,导致上课效率低下,且专业课实训时间少,虽然周末有开放实训室,也是僧多粥少,有时候等上很久才能有练习的机会。在此情况下,同学们的学习压力很大。

教育供给侧改革的核心任务是从教育发展过程中存在的问题及需求出发,促进教育内涵发展,实现要素配置的合理化,扩大教育的有效供给,实现教育的可持续性发展。

综上,做一个大胆的假设,假设我是供给侧,我会这样做:

第一,我认为学校和教师可以利用 App 辅助学习,晚自习可以允许学生使用手机学习,但是一旦发现有玩游戏、逛淘宝等行为应给予严惩,并取消其在晚自习使用手机的权利。作业,测评还是使用纸质资料的方式,App 中的教学资源可以有效解答学生的疑惑,纸质资料学习可以加深学生对知识点的印象,网络纸质相结合,更高效地提高学生的学习效率。

第二,依我之愚见,校方可以增设老年特殊心理,特殊疾病,特殊交流方式的课程,让学生加强自己的专业技能。为了更好地发挥选修课的作用,我认为每个专业的选修课都应该有各自的特色,像老护专业,应该开设老年护理、陪伴技术的相关选修课课,像言听专业,应该设立自闭儿童沟通、幼儿美术舞蹈的选修课,每个专业一定要有自己特有的选修课,并且在开办个数及人数上做好掌控,并对选课系统进行加强,让学生都能选到与专业相关的选修课,而不是乱选、瞎选,在此基础上,再去增加其他拓展方面的选修课,让选修课成为学生拓展知识的一门课,而不是一种负担。

第三,课程方面,压力确实很大,但是要老师增加课时或者减少每节课的课堂内容是不可取的,即便如此,我觉得老师可以增加课上的互动环节,如对课堂内容进行随机提问或者随机抽取同学复述上课内容等,增加学生的上课参与度及专注度。在课件可以播放较为欢快的轻音乐,让学生放松一下大脑。

第三,实训室使用方面,可以以班级为单位,一个班级负责一个实训教室在周末使用,实训室的学生可以随时进行检查,指导学生对实训教室管理、保护,这样可以减少人均等待时间,提高效率。

在首届中国国际进口博览会开幕式主旨演讲中,习近平总书记强调"我相信,只要我们保持战略定力,全面深化改革开放,深化供给侧结构性改革,下大力气解决存在的突出矛盾和问题,中国经济就一定能加快转入高质量发展轨道,中国人民就一定能战胜前进道路上的一切困难挑战,中国就一定能迎来更加光明的发展前景"。一个国家尚且如此,更何况我们一个小小的专业呢?只要我们全体同学好好沟通,提出公正的意见,校方作为供给侧进行切实可行的调整,我们老年护性专业一定会凝聚出自己特有的一股力量,迎来更加美好的明天。

——2018级老年护理1班　郭诗蓓

参考文献

[1] 段凌燕.基于云教学大数据的思政课教学设计实践研究[J].延安职业技术学院学报,2018,32(01).

[2] 郑阳平."互联网＋"时代背景下信息化教学模式实践应用[J].承德石油高等专科学校学报,2018,20(01).

[3] 余晟鹏."互联网＋"背景下高校就业指导工作创新探究[J].西部素质教育,2018,4(03).

[4] 张铭芳,周先进,谭俊楚.云课堂与传统课堂教学目标关系构建研究[J].当代教育论坛,2017(05).

[5] 刘娅,张豪.基于CP－ABE的云课堂模型研究[J].无线互联科技,2017(17).

[6] 李红冠,翟尧,孙智宏.高校思想政治教育[M].石家庄:河北人民出版社,2015.

[7] 陈佳.高校思想政治教育载体有效运用研究[D].锦州:渤海大学,2017.

[8] 张慧双.马克思人的本质理论视阈下的思想政治教育研究[D].石家庄:河北师范大学,2017.

[9] 李淑敏.互联网视域下思想政治教育实施方法创新探究[D].长春:吉林大学,2017.

[10] 金雨娇.自媒体时代大学生思想政治教育研究[D].锦州:锦州医科大学,2017.

[11] 李晟.高校思想政治教育双向互动模式的建构研究[D].上海:华东师范大学,2017.

[12] 张楚乔.基于云课堂的高校非英语专业英语阅读教学模式创新[J].中外企业家,2016(33).

[13] 范梦. 思想政治教育视野下大学生生态文明教育研究[D]. 北京：中国矿业大学(北京)，2017.

[14] 李雪萍. 高校思想政治教育的理论与实践[M]. 北京：中央编译出版社，2016.

[15] 程曦浩. 信息技术对物联网专业高职课堂教学模式的改变[J]. 科技经济导刊，2016(28).

[16] 刘昕. 完全学分制条件下大学生教育管理研究[D]. 济南：山东大学，2016.

[17] 刘雪梅. "微时代"背景下的高职学生思想政治教育研究[J]. 现代经济信息，2016(17).

[18] 殷莎莎. 系统科学视域下高校思想政治理论课实践教学研究[D]. 哈尔滨：哈尔滨工程大学，2016.

[19] 张乐乐，王雨. 基于电子书包的"云课堂"平台设计研究[J]. 广州广播电视大学学报，2016，16(03).

[20] 刁世存. 当代社会思潮与高校思想政治教育[M]. 北京：中央编译出版社，2015.

[21] 王忠. 大学生思想政治教育实践育人机制创新研究[D]. 长春：东北师范大学，2016.

[22] 许力双. 中国高职院校大学生思想政治教育路径研究[D]. 长春：吉林大学，2016.

[23] 张金秋. 当代大学生思想政治教育模式构建与实践探索[M]. 北京：新华出版社，2017.

[24] 张滢. 艺术类高职院校思想政治理论课教学提升对策研究[D]. 西安：陕西科技大学，2016.

[25] 李丹丹. 网络文化环境下大学生思想政治教育研究[D]. 沈阳：辽宁大学，2016.

[26] 武曼曼. 思想政治教育视野下的道德意识培育研究[D]. 北京：中国矿业大学(北京)，2016.

[27] 杨果. 网络思想政治教育规律论[D]. 长沙：湖南大学，2016.

［28］汪倩倩.以项目化教学提升高职思政课实效［J］.中国高等教育，2015(19).

［29］韩玲玲,蒙良秋.构建高校思想政治教育创新模式研究［M］.成都：电子科技大学出版社,2017.

［30］黄欣荣.大数据对思想政治教育方法论的变革［J］.江西财经大学学报,2015(03).

［31］安璇璇,刘梦婷,付宇航,赵晓艺.大学生云课堂应用现状的个案调查［J］.电脑知识与技术,2015,11(14).

［32］陈文海.高等职业院校德育体系自组织建构研究［D］.武汉：华中师范大学,2015.

［33］张向前.大学生思想政治教育与创业教育结合的必要性和可行性分析［J］.思想教育研究,2015(04).

［34］佘双好.大学生代际特征对思想政治教育的影响及发展趋向［J］.思想教育研究,2014(09).

［35］王丽霞.基于网络舆情引导的高职思想政治教育创新［J］.教育与职业,2014(26).

［36］陈晓东,吴晓明.大学生思想政治教育创新研究［M］.北京：新华出版社,2015.

［37］陈秉公.思想政治教育本质研究现状及建议［J］.思想教育研究,2014(06).

［38］刘秉亚."微时代"高校思想政治教育创新研究［M］.成都：西南交通大学出版社,2017.

［39］孙其昂.论思想政治教育的分化与学科定位［J］.思想教育研究,2013(06).

［40］朱建.信息技术环境下高职思政课合作教学模式研究［D］.南京：南京师范大学,2013.

［41］王莹.高职院校思想政治理论课实践教学探究［D］.合肥：安徽农业大学,2012.

［42］李昌锋.高等职业院校学生思想政治教育创新与实践［M］.北京：

北京理工大学出版社,2017.

[43] 高原平.高职院校不同专业学生思政课教学改革研究[D].长沙：湖南大学,2011.

[44] 赵发荣,糜红缨.构建工学结合模式下高职思想政治教育新机制[J].常州信息职业技术学院学报,2010,9(06).

后 记

对于一名老师来说,课堂教学是职业生涯的重要组成部分,也是人生幸福的影响因子。老师如果可以在课堂上收获学生期待的神情、智慧的碰撞和真心的认可,这可以大大提升他的职业自豪感和价值感。长期从事一份有价值的职业,是人生幸福的重要标志。

提升课堂教学质量的方法有千万种,不同的老师会有不同的方法,同一个老师在不同的时期,面对不同的学生也会有不同的方法。作为一名从教十余年的思想政治课老师,我一直走在探索教学方法的路上。思想政治课是一门理论性较强的课程,高职学生的理论功底又相对较弱,如何让他们在思想政治课上入脑又入心,是需要教学艺术的。

随着互联网和人工智能的高速发展,信息化技术越来越广泛地被运用到各个领域中,这给教学艺术的发展提供了契机。从课件到微课、慕课、精品课程,从文字图片到音频、视频,思政理论课传播的渠道和形式越来越多样化,越来越形象化。而移动云平台的出现,成为思政教学进入班级,与学生建立起亲密师生关系的纽带。这也使得思政课教学突破了时空的界限,处处可教,时时可学,为因事而化,因时而进,因势而新地突破教学传统模式提供了可能。

过去的十余年,学界在教学方法探索之路上实践得比较多,但将实践经验提炼成理论的比较少,写作此书正是为了弥补这一短板,也是对自己多年的教学思考和实践做一个总结。

感谢一路陪伴的学生,感谢一路关照的同事,感谢一路支持的家人,感谢这个时代赋予的大好机会,教学,一直在路上。

郑盼盼

2019 年 5 月